말 하 지
않 아 도

* **일러두기 — 용어 사용에 대하여**

이 책에서는 AAC 중재 현장에서 통용되는 '대상자'와 '보호자'라는 용어를 사용하고 있습니다. 해당 용어는 언어재활 및 AAC 관련 서적과 임상 실무에서 일반적으로 사용되는 용어로, 인터뷰이들의 실제 언어 사용을 존중하는 차원에서 그대로 수록했습니다. 다만 우리는 이 용어가 자칫 개인을 수동적 존재로 호명하는 방식으로 읽힐 수 있음을 인지하고 있습니다. 따라서 이 책에서의 '대상자'는 치료의 객체가 아니라 의사소통의 주체로서 AAC를 통해 자신의 의사를 표현하고 관계를 만들어 가는 한 사람을 의미한다는 점을 밝힙니다.

또한 '보호자'는 부모를 포함한 가족 구성원, 활동보조인 등 다양한 관계의 주변인을 포괄적으로 지칭하기 위한 용어로 사용되었습니다. 특정 관계를 한정하기보다, 중재 과정에서 당사자와 함께 의사소통 환경을 구성하는 주변인을 가리키는 말로 이해해 주기를 바랍니다.

용어의 한계를 인식하면서도 현장의 이야기를 생생하게 기록하고자 한 본서의 편집 방침에 대해 독자 여러분의 이해를 부탁드립니다.

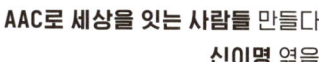

AAC로 세상을 잇는 사람들 만들다
신이명 엮음

말 하 지

않 아 도

AAC,
우리가 소통하는 방법

NC문화재단

목차

말하지 않아도 닿을 수 있는 마음을 위하여

세상에는 눈꺼풀 하나로 문장을 건너오는 사람이 있습니다. 알파벳이 조용히 강처럼 흘러갈 때, 그는 그 흐름을 끝까지 듣고 기다립니다. 그리고 딱 한 번, 원하는 글자 앞에서 눈을 깜빡입니다. 찰나의 신호가 모여 한 글자가 되고, 한 단어가 되고, 마침내 한 문장이 됩니다. 느리고 더디지만, 그 무엇보다 정확하게. 장 도미니크 보비의 이야기가 우리에게 남긴 것은 감탄만이 아닙니다. 오래도록 우리를 붙잡는 질문이 있습니다. 의사소통이란 무엇이며, 왜 그것은 삶을 지탱하는 최소한의 조건이자 권리인가?

우리는 종종 잊고 살아갑니다. 유창한 말의 세계에서, 말의 속도가 능력처럼 오해되는 세계에서, 어떤 목소리는 너무 쉽게 배경으로 밀려납니다. 그러나 의사소통은 선택 가능한 편의가 아니라 존엄 그 자체입니다. 누군가의 말이 느리거나 낯설다고 해서, 그 사람의 삶이 덜 중요해지는 일은 절대 있어서는 안 됩니다.

보완대체의사소통(AAC)은 이 권리를 현실로 옮겨오는 도구이자 체계입니다. AAC를 이해하는 일은 단순히 말하지 못하는 이들을 돕는 기술을 익히는 차원을 넘어섭니다. 그것은 서로 다른 존재가 어떻게 눈을 맞추고 연결될 수 있는지, 그 방식을 새롭게 배우는 과정입니다. 한 사람의 언어와 소통이 가능해지는 순간은, 동시에 우리가 서로를 대하는 태도가 달라지는 순간이기도 합니다.

NC문화재단은 이러한 믿음을 바탕으로 2014년부터 **나의AAC**를 개발해 무료로 보급해 왔습니다. 그리고 2024년 3월, 사용자 경험을 대폭 개선한 새로운 버전을 선보이며 우리는 다시 한번 확인했습니다. 중요한 것은 기술적 기능의 많고 적음이 아니라, '말 너머에 있는 마음에 닿기 위해 우리가 어떤 속도로, 어떤 태도로 다가가는가'라는 사실을 말입니다.

〈말하지 않아도〉는 그 질문을 따라가며 남긴 아카이브 프로젝트입니다. 다큐멘터리에서 출발해 전시를 거쳐, 이제 한 권의 책으로 이어진 이 여정은 AAC가 만들어낸 사람과 사람 사이 소통의 실제를 생생하게 담아냅니다. 그리고 그 곁에서 함께 기다리고, 함께 배우고, 때로는 함께 흔들렸던 보호자와 중재자들의 시간 또한 정직하게 기록합니다.

　이 책이 각별한 이유는 거창한 성과를 나열하는 대신, 사람이 사람에게 가닿는 섬세하고도 치열한 시간을 담고 있기 때문입니다. 반복과 기다림 속에서 건져 올린 순간들, 그리고 "당신은 더없이 최선의 삶을 살고 있다"는 서로를 향한 응원은 이 프로젝트가 끝내 놓치지 않으려 했던 핵심 중의 핵심입니다. NC문화재단은 이 전체 여정을 기획하고, 진행하고, 후원해 왔습니다. 그러나 이 기록이 완성되는 것은 재단의 노력만이 아니라, 끝까지 서로를 포기하지 않은 '관계의 용기' 덕분이라는 사실을 우리는 잘 알고 있습니다.

　저는 이 책이 단순한 결과 보고서가 아니라, 우리가 지향하는 사회에 대한 약속의 기록이 되기를 바랍니다. 말이 빠르고 명료할수록, 느리고 불확실한 신호는 지워지기 쉽습니다. 그렇기에 우리는 더 자주 멈추어 서서, 눈빛과 손끝, 망설임 속에 담긴 '말'을 함께 읽어내야 합니다.

　부디 이 책을 펼치는 순간, 독자 여러분께서 한 사람의 다정한 의사소통 파트너가 되어 주시기를 바랍니다. "말하지 않아도" 닿을 수 있는 마음이 있다는 사실을, 그리고 그 마음에 닿기 위해 우리 사회가 함께 짊어져야 할 책임을 이 책을 통해 다시 확인해 주십시오.

NC문화재단 이사장 **박명진**

1장

우리가 통하는 방법,
AAC

기본권, 의사소통

클로드가 낮고 차분한 목소리로 알파벳을 하나씩 읽어 내려가는 동안 보비는 참을성 있게 기다렸다. 기다리던 알파벳이 들리는 순간 보비는 왼쪽 눈에 힘을 주었다. 그의 왼쪽 눈꺼풀이 짧게 닫히는 순간을 클로드는 놓치지 않았다. 클로드는 보비가 깜박임으로 선택한 알파벳을 그대로 받아 적었다. 그리고 다시 보비의 왼쪽 눈꺼풀에 시선을 고정한 채 처음부터 알파벳을 다시 읽어 내려갔다. 한 번 깜빡일 때마다 한 글자씩. 두 사람이 단어 하나를 완성하는 데는 평균 2분의 시간이 걸렸다.

프랑스판 〈엘르〉의 편집장이자 두 아이의 아버지였던 보비는 1995년 겨울, 뇌졸중으로 갑자기 쓰러졌다. 혼수상태에서 며칠 만에 깨어났지만 그의 몸은 전신이 마비되는 잠김 증후군locked-in syndrome 상태였다. 보비가 움직일 수 있는 것은 오로지 왼쪽 눈꺼풀뿐, 그의 몸은 깊고 검은 물속에 잠긴 듯 결박되었다. 하지만 보비의 기억과 사고와 감각은 자유로웠고, 그는 그것들을 결코 포기하지 않았다. 보비는 그에게 유일하게 허락된 왼쪽 눈꺼풀의 움직임으로 세상과 소통하기 시작했다. 사용 빈도수로 정리된 알파벳을 보조자가 하나씩 소리 내어 읽으면 보비가 원하는 글자에서 눈을 깜박여 단어를 만들고 문장을 쌓아 올렸다. 그렇게 장 도미니크 보비의 회고록 『잠수종과 나비』는 70만 번의 깜박임 끝에 완성되었다.

보비의 왼쪽 눈꺼풀은 곧 보비 자신이었다. 그는 움직일 수도, 소리를 낼 수도 없었지만 끝까지 자신으로 남고자 했다. 그 모든 과정은 극도로 느리고, 누군가의 인내와 도움을 필요로 했지만 보비는 멈추지 않았다. 기억하고 선택하고 판단하고 표현하고자 했다. 그에게 의사소통은 선택의 문제가 아니었다. 그것은 자신의 존재를 증명하기 위한 최소한의 조건이었다.

의사소통은 인간의 존엄과 연결된다. 그것은 누군가에게 허락된 특권이 아니라, 인간의 기본조건인 동시에 인간이라면 누구나 응당 누려야 할 권리다. 1992년 미국의 NJC(중증장애인의 의사소통 필요를 위한 국가공동위원회)에서 중증장애인의 기본 권리를 보장하고자 만든 [의사소통권리장전]에서는 사물, 행동, 사건, 사람을 요청하거나 거절할 권리(8조)가 있으며 자신의 기호, 감정, 의견을 표현하고 공유할 권리(9조)가 있다고 밝히고 있다. 먹고 싶은 것을 먹고 입고 싶은 것을 입고 좋아하는 사람에게 인사를 건네고 궁금한 것을 묻는 일. 누군가에게는 숨 쉬듯 자연스러운 이 모든 일들이, 실은 '보장되어야 할 권리'이자 누군가에게는 여전히 보장받지 못하는 권리라는 사실이 새삼스럽다.

의사소통권리장전(NJC, 2024년 제3판)

사람은 삶의 모든 영역에서 의사소통을 할 기본적인 권리를 가지고 있습니다.

1. 모든 상호작용에서 존엄과 존중을 받을 권리
2. 문화와 언어에 맞는 적절한 방식으로 의미 있는 의사소통을 할 권리
3. 없는 사람처럼 취급받지 않고 상대와 직접 말할 권리
4. (원하는 결과가 나오지 않더라도) 모든 의사소통 시도에 대해 응답을 받을 권리
5. 모든 환경에서 온전한 의사소통 파트너로서 참여할 권리
6. 사회적 관계를 맺고 유지할 수 있도록 상호작용할 권리
7. 사물, 행동, 사건, 사람에 대한 정보를 제공받고 이해할 권리
8. 사물, 행동, 사건, 사람을 요청하거나 거절할 권리
9. 자신의 기호, 감정, 의견을 표현하고 공유할 권리
10. 자신에게 의미 있는 대안 중에서 스스로 선택할 권리
11. 삶의 모든 단계에서 의사소통을 위한 서비스와 지원에 접근할 권리
12. 항상 개인에게 맞게 조정되고, 제대로 작동하는 보완대체의사소통(AAC) 및 기타 보조기기를 이용할 권리

이 권리장전은 1992년 미국의 NJC(중증장애인의 의사소통 필요를 위한 국가공동위원회)에서 처음 발표되었으며, 의사소통을 통해 자신의 삶에 영향을 미칠 수 있는 중증장애인의 기본 권리를 보장하고자 만든 문서입니다.

Communication Bill of Rights (NJC, 2024, 3rd edition)

People have a fundamental right to communicate in all parts of their lives.

1. The right to dignity and respect in all interactions.
2. The right to meaningful communication that is culturally and linguistically appropriate.
3. The right to be addressed directly and not be spoken for or talked about as if not there.
4. The right to receive a response to all communication, even when the desired outcome is not possible.
5. The right to participate across settings as full communication partners.
6. The right to interact socially and to build and keep relationships.
7. The right to be given—and to understand—information about objects, actions, events, and people.
8. The right to ask for or refuse objects, actions, events, and people.
9. The right to express preferences and feelings, make comments, and share opinions.
10. The right to make choices from meaningful options.
11. The right to access services and supports for communication across the lifespan.
12. The right to individualized, working augmentative and alternative communication (AAC) systems and other assistive technology (AT) at all times.

This is the third iteration of the NJC Communication Bill of Rights.

The NJC originally developed it to ensure the basic rights of persons with severe disabilities to affect, through communication, the conditions of their existence (NJC, 1992).

보완대체의사소통, AAC

영화 〈안녕, 내 뼈끔거리는 단어들^{Out of My Mind}〉(2024)의 주인공, 열두 살 멜로디는 한 번 본 단어는 전부 기억할 만큼 남다른 언어능력을 지니고 있지만 그것을 입 밖으로 꺼내지 못한다. 뇌성마비장애로 인해 스스로 몸을 가누지도, 말을 할 수도 없기 때문이다. 머릿속에는 수천 개의 단어와 문장이 넘쳐나고 마음속에는 자기만의 생각과 감정, 기억과 바람, 호기심과 상상, 질문과 갈망이 소용돌이치지만 그것을 표현할 길이 없기에 멜로디는 언제나 침묵할 수밖에 없다. 사람들은 그녀의 침묵을 무지로 오해한다. 교사들은 멜로디를 학습 능력이 부족한 학생이라 단정하고 친구들은 그녀를 감정이 없는 아이로 여긴다. 멜로디는 세상에 자신을 이해해 줄 수 있는 사람이 없다는 사실에 절망한다. 그런 멜로디의 침묵을 깨운 것은 메디토커라 불리는 보완대체의사소통 도구였다. 메디토커를 통해 그녀는 원하는 것을 이야기하고 부모님에게 사랑을 전하고 퀴즈대회에 나가 자신을 증명하고 부당한 처우에 화를 낼 수 있게 된다. 멜로디가 얻은 것은 단순히 목소리가 아니었다. 그것은 갈망하고 낙담하고 도전하고 포기하고 배우고 추구하는 인간으로의 삶, 그 자체였다.

보완대체의사소통^{Augmentative and Alternative Communication}(이하 AAC)은 인간의 기본적 권리인 의사소통의 권리를 실현하도록 돕는다.

이는 자신의 욕구를 표현할 권리, 선택하고 거절할 권리, 감정과 생각을 나눌 권리를 보장하기 위한 도구이자 타인과 관계를 맺고 함께 살아갈 수 있도록 이어주는 장치다. AAC에 대해 알고, 그것이 내포하고 있는 의사소통의 의미를 이해하는 일은 단순히 말을 하지 못하는 사람들을 돕는 일이 아니다. 그것은 타인이라는 낯선 세계에 다가가고 서로의 존재를 알아보는 일이며 인간이 어떻게 함께 살아갈 수 있는가를 다시 배우는 일이다. 그리고 마침내 우리가 서로 연결되어 있다는 사실을 깨닫기 위한 일이다.

보완	Augmentative
대체	Alternative
의사소통	Communication

AAC를 설명할 때 폭넓게 사용되고 있는 정의는 다음과 같다.

AAC는 말과 언어의 표현 및 이해에 어려움이 있는 사람들의 일시적 또는 영구적 손상과 그로 인한 활동 제한, 사회적 참여 제약을 보완하기 위한 연구, 임상, 교육적 실천 전반을 의미한다. 이는 구어를 보완하거나 대체하기 위해 사용하는 도구적, 비도구적 방법을 모두 포함하며 개인이 자신의 생각과 욕구, 감정과 아이디어를 표현하고 타인과 의미 있는 상호작용을 할

수 있도록 지원하는 것을 목표로 한다.[1]

쉽게 말해, 말이나 글로 표현하거나 이해하는 데 어려움이 있는 사람들이 각자의 생각과 감정을 표현할 수 있도록 돕는 모든 수단과 방법이 보완대체의사소통, AAC다. 여기에는 말하기가 불가능할 때 그것을 '대체alternative'하는 의사소통방법뿐 아니라 기존의 말하기 능력을 지원하고 '보완augmentative'하는 의사소통방법도 포함된다. 예컨대 루게릭병(근위축성측삭경화증)으로 말을 할 수 없는 스티븐 호킹 박사가 사용하던 음성출력 장치는 말을 대신하는 AAC다. 반면 발화는 가능하지만 발음이 불분명하거나 말더듬이 있는 경우, 혹은 어휘를 생각해 내고 문장을 구성하는 데 어려움을 겪는 경우에는 말을 보완하는 AAC를 사용할 수 있다.

AAC는 그 형태 또한 다양하다. 눈짓, 손짓, 몸짓과 같은, 도구를 사용하지 않는 신체적 표현부터 그림카드나 사진과 같은 단순한 도구뿐 아니라 음성출력 장치나 태블릿 및 스마트폰의 AAC 앱, 시선추적 장치eye-tracking device와 같은 하이테크 장치도 AAC에 속한다. 때문에 어떤 AAC를 사용할 것인가는 사용자의 필요와 요구, 환경을 고려해 결정되어야 하는데 이때 하나의 AAC만 사용할 수

---

1 American Speech-Language-Hearing Association. Augmentative and Alternative Communication (AAC). ASHA Practice Portal. 정의를 바탕으로 재구성함.

도 있고 여러 AAC를 복합적으로 선택해 사용할 수도 있다.

　우리의 일상 속에도 의사소통을 돕기 위해 설계된 다양한 시각·청각적 신호들이 존재한다. 예컨대 도로 표지판이나 화장실 안내판은 글 대신 기호를 통해 정보를 전달하고, 횡단보도를 건널 때 들리는 경고음은 말없이 행동을 안내한다. 또한 일상적인 대화 속에서 주고받는 표정이나 손짓은 말을 보완하는 비언어적 표현이다. 그러고 보면 AAC는 우리가 이미 당연하게 생각하고 자연스럽게 활용해 온 보편적 의사소통방식과도 맞닿아 있는 셈이다.

　현재 AAC는 주로 대체의사소통 수단이 필요한 장애인을 중심으로 적용되고 있다. 때문에 AAC를 특정한 장애를 가진 사람들이 사용하는 보조장치로 오해하기 쉽다. 하지만 AAC는 영유아부터 노년기에 이르는 다양한 연령대의 사람들이 각자의 삶의 국면에서

일상 속 시각적 신호

활용할 수 있는 의사소통 방식이다. 예컨대 정서적·심리적 이유로 말더듬이나 실어증이 생기거나 사고나 질병으로 인해 일시적으로 말하는 데 어려움이 생긴 사람들이 AAC의 도움을 받을 수 있다. 또한 노령화와 함께 증가하는 뇌졸중이나 치매와 같은 신경계 질환 환자들도 AAC를 사용할 수 있다.

2023년 기준 한국의 등록 장애인은 약 263만 명이며, 이 가운데 지적장애, 자폐성장애, 뇌병변장애, 청각장애, 언어장애를 지닌 인구만 합쳐도 100만 명을 넘는다(보건복지부, 「2023 등록장애인 현황 통계」). 이들 중 상당수가 구어 의사소통이 어렵거나 추가적인 의사소통 지원이 필요하다는 점을 감안하면, 이 수치는 의사소통 취약 인구의 최소 범위를 가늠하게 하는 지표다. 여기에 장애 등록 통계에 포함되지 않는 노인성 신경계 질환 인구까지 고려하면 그 규모는 더욱 커진다. 중앙치매센터와 질병관리청의 자료에 따르면 2024년 기준 국내 치매 환자는 약 100만 명에 이르며 매년 약 10만 명의 뇌졸중 신규 환자가 발생한다(중앙치매센터, 「대한민국 치매 현황」; 질병관리청, 「뇌졸중 국가건강통계」). 치매와 뇌졸중은 환자의 언어 이해력과 표현력을 저하시키는 경우가 많기 때문에 이들 역시 특정한 장애 범주로 분류되지 않더라도 실제 삶에서는 의사소통에 취약한 상태가 되기 쉽다.

인간은 타인과 의사소통을 하면서 세상과 관계를 맺고 자신의 존엄을 지킨다. 우리는 모두 노화, 질병, 사고 등의 다양한 이유로 말을 하거나 글을 쓸 수 없는 신체적·심리적 상태가 될 수 있다. 그런 의미에서 AAC는 누구든 삶의 어느 순간에 자신의 존엄을 지키기 위해 선택할 수 있는 의사소통의 대안이라 할 수 있다. 특정한 연령대나 장애를 가진 누군가가 아니라 우리 모두를 지키기 위한 또 하나의 언어체계인 셈이다.

상징, 도구, 기법, 전략

AAC는 단순히 특정 기기나 기술을 지칭하는 개념이 아니라 다양한 요소들이 상호작용하며 작동하는 의사소통 체계다. 일반적으로 AAC는 상징symbols, 도구aids, 기법techniques, 전략strategies의 네 가지 요소로 구성된다.

상징은 사용자가 자신의 생각이나 의도를 표현하기 위해 말(구어) 대신 쓸 수 있는 표현의 단위다. 이는 다시 도구를 사용하는 상징aided symbols과 도구를 사용하지 않는 상징unaided symbols으로 나눌 수 있다. 실제 사물이나 축소형 사물, 사진이나 그림, 글자나 이모티콘, 픽토그램 등은 도구적 상징에 속한다. 반면 얼굴 표정과 손짓, 몸짓, 발성과 같은 신체적 표현은 비도구적 상징에 포함된다. 상징은 형태와 방식이 다양한 만큼 개별 사용자의 요구와 상황에 따라 여러 방식으로 적용될 수 있다.

도구는 상징체계를 담고 의사소통을 효율적으로 만들기 위해 사용되는 물리적·기술적 수단을 말한다. 여기에는 의사소통판이나 그림카드같이 전자기기를 사용하지 않는 로우테크low-tech 도구부터 음성출력기, 애플리케이션과 같은 하이테크high-tech 도구까지 포함된다.

AAC를 이용한 의사소통은 주로 메시지를 선택하는 방식으로 의사를 표현하는데, 이때 사용하는 선택과 표현의 방식이 AAC 기법이다. 이는 상징을 선택하는 방식에 따라 직접 선택하기와 간접 선택하기로 나눌 수 있다. 직접 선택하기란 사용자가 손이나 시선 등을 이용해 원하는 상징을 누르거나 가리키는 방식으로 비교적 빠르고 직관적인 의사소통이 가능하다. 반면 간접 선택하기는 사용자가 직접 상징을 선택하기 어려울 때, 상징이 하나씩 차례로 제시되는 과정에서 눈 깜박임이나 예/아니오 신호를 통해 사용자가 원하는 어휘를 선택하는 스캐닝scanning과 같은 방식을 의미한다. 이는 신체적 움직임이 제한되어 직접 선택하기가 어렵거나 그로 인해 오류가 많이 발생하는 사용자에게 유용하다.

전략은 상징이나 보조기기를 언제, 어떤 상황에서, 어떻게 사용할 것인지에 대한 계획과 원칙을 의미한다. 여기에는 어떤 어휘를 선택해 담을지, 그것을 어떤 순서와 위치에 배치하고 배열할지를 결정하는 일부터 의사소통 상대방과의 약속까지도 포함된다. 예를 들어 사용자가 스스로 표현할 때까지 충분히 기다려 주는 태도, 사용자가 선택한 내용을 소리 내어 다시 말해주는 피드백, 의사소통의 시작과 끝을 알리는 신호를 마련하는 것 역시 전략에 해당한다.

로우테크 AAC, 하이테크 AAC

AAC 도구는 사용되는 기술의 수준에 따라 로우테크 AAC$^{low-tech}$ ^{AAC}와 하이테크 AAC$^{high-tech AAC}$로 구분할 수 있다.

　로우테크 AAC는 전자기기 사용 없이 의사소통을 돕는 도구 및 방식으로, 외부 도구의 사용 여부에 따라 도구적 AAC$^{aided AAC}$와 비도구적 AAC$^{unaided AAC}$로 나뉜다. 도구적 AAC에는 그림카드, 의사

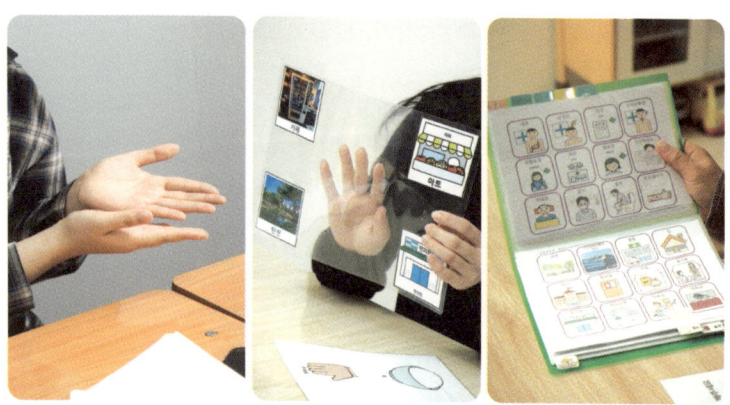

로우테크 AAC

소통판, 사진 및 글자판 등의 물리적 매개가 포함된다. 반면 비도구적 AAC는 고개를 끄덕이거나 젓는 움직임, 손짓, 시선, 눈 깜박임과 같이 사용자의 신체적 표현만으로 의사소통이 이루어지는 방식이다. 이러한 로우테크 AAC는 특별한 장비나 전원이 필요하지 않기 때문에 상황에 따라 즉각적으로 사용할 수 있고 접근성이 높다는 장점이 있다.

하이테크 AAC는 전자기기와 디지털 기술을 활용한 의사소통 방식이다. 태블릿이나 스마트폰에 설치할 수 있는 AAC 애플리케이션, 음성출력 장치, 시선추적 장비, 스위치 접근 장치 등이 여기에 해당한다. 주로 사용자가 입력기기를 통해 상징이나 단어를 선택하면 그것이 음성이나 문자로 변환되어 전달된다. 하이테크 AAC의 가장 큰 장점은 많은 어휘를 저장하고 조합할 수 있다는 점이다. 단어를 이어서 문장을 만들 수도 있고 자주 사용하는 표현을 저장해 빠르게 사용할 수도 있다. 사용자의 신체 조건과 인지 수준에 맞춰 화면 구성, 버튼의 크기와 간격, 접근 방식 등을 세밀하게 조정하거나 변경하기도 용이한 편이다. 그러나 하이테크 AAC는 전자기기에 의존하는 만큼 전원이나 기기 상태에 영향을 받을 수 있다는 단점이 있다. 뿐만 아니라 고장이나 오류가 발생하면 즉각적인 사용이 어려워질 수도 있고, 발생비용이나 관리 측면에서 사용자가 부담을 느낄 수도 있다.

실제 중재 현장에서는 로우테크 AAC와 하이테크 AAC를 병행

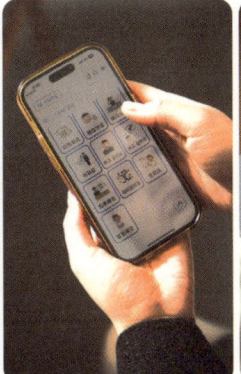

하이테크 AAC

하거나 상황에 따라 선택적으로 사용하는 경우가 많다. 가령 일과가 비교적 규칙적이고 반복적인 요구가 주로 이루어지는 가정에서는 로우테크 AAC를 중심으로 사용하고 외출 중에는 다양한 상황에 대응할 수 있도록 하이테크 AAC를 같이 활용하는 식이다. 또한 로우테크 AAC로 기본적인 선택과 요구를 할 수 있는 상태가 되면 하이테크 AAC를 병행해 의사소통의 기능과 범위를 확장하기도 한다. 이렇듯 사용자의 삶과 환경에 맞도록 유연하게 AAC 도구를 선택하거나 조합해 사용할 수 있다.

나의**AAC**는 NC문화재단이 개발해 무료로 배포하는 보완대체의사소통(AAC) 애플리케이션이다. 2014년 **My First AAC**를 시작으로 꾸준한 업데이트를 거쳐 발전해 왔으며 2024년 3월에는 사용자 경험을 대폭 개선한 전면 개편 버전을 선보였다.

　나의**AAC**에는 한국형 AAC 상징 체계인 KAAC 상징, 서울시장애인의사소통권리증진센터의 커뮤니 상징, 그리고 NC문화재단이

개발한 NC 상징 등 1만여 개의 상징이 포함되어 있다. 기본 상징 외에도 사용자가 직접 촬영한 사진이나 보유한 이미지 파일을 상 징으로 추가할 수 있으며 검색 기능을 통해 상황에 맞는 이미지를 선택해 사용할 수도 있다. 이러한 기능 덕분에 어린 연령대의 사용 자나 AAC 초기 사용자부터 비교적 복잡한 표현이 가능한 사용자 까지, 다양한 수준의 사용자가 폭넓게 활용할 수 있다.

나의AAC에서 사용자가 선택한 상징이나 문장은 실제 사람의 말에 가까운 자연스러운 음성으로 출력된다. 음성은 남녀노소의 차이를 반영한 여러 화자로 구성되어 있다. 여기에 기본적인 네 가지 감정(행복·분노·슬픔·중립) 표현을 함께 제공해 일상적인 대화 상황에서 비교적 자연스럽게 활용할 수 있도록 설계했다.

영상자료

AAC의 올바른 이해와 효과적 활용법

나의AAC 애플리케이션 사용법

2장

말 너머의
말을 찾아서

우리는 종종 말이 아닌 신호들을 무심히 지나치곤 한다. 손끝의 움직임이나 눈동자의 떨림, 혹은 외마디 소리 같은 것들은 예외나 오류로 취급하기 십상이다. 그것들이 실은 누군가의 마음을 담고 있을 수 있다는 사실을 알아차리지 못한 채로 말이다. 빠르고 명료한 말의 세상에서 느리고 불확실한 신호들은 도달하기도 전에 지워지거나 무시당한다. 누군가에게 말은 세상과 연결되는 가장 쉽고 확실한 통로가 되지만 또 누군가에게는 세상과의 소통을 가로막는 높고 단단한 벽이 된다.

이 장에서는 AAC를 통해 말의 벽을 허물고 다양한 소통의 가능성을 만들어가는 사람들을 조명한다. AAC 중재를 통해 언어장애를 가진 대상자들의 마음을 이어주는 언어재활사와 특수교사들, 그리고 보완대체의사소통 앱 **나의 AAC**를 통해 새로운 소통 문화를 만들어 가고 있는 NC문화재단 사람들의 이야기를 들어본다. 이들의 이야기를 통해 언어치료 현장과 AAC 지원체계의 현실을 들여다보고, 우리 사회가 의사소통의 권리를 어떻게 인식하고 있는지, 또한 어떤 과제에 직면해 있는지도 살펴본다.

AAC
중재자의
동행

언어치료란 언어장애의 원인과 증상을 진단·사정하고 치료 계획을 수립해 대상자의 의사소통 능력을 향상하는 일이다. 말이 늦거나 발음·이해·표현에 어려움이 있는 아동부터, 뇌손상·자폐·치매·청각장애 등으로 의사소통에 어려움을 겪는 성인까지, 언어재활사들은 다양한 연령과 장애를 가진 사람들을 돕는다. 개념만 놓고 보자면 언어치료란 언뜻 '말을 잘하게 해 주는 일'처럼 보인다.

영화 〈킹스 스피치The King's Speech〉(2010)는 낯설기만 했던 언어치료에 대해 대중에게 널리 알린 작품이다. 영화는 말을 더듬는 장애 때문에 왕위 계승까지 포기하려 했던 영국 국왕 조지 6세의 언어 치료과정을 중심으로 전개된다. 영화 속에는 실제로 다양한 말더듬 치료법이 등장하기도 하는데, 이를 통해 관객들은 언어치료의 개념과 그 과정을 조금이나마 이해할 수 있다. 그러나 이 영화가 사람들에게 감동을 주는 이유는 치료기법이나 성과가 아니라 치료사, 라이오넬 로그의 진심 어린 공감과 헌신 때문이다. 라이오넬 로그는 조지 6세의 말에 누구보다도 귀를 기울이는 인물이었다. 조지 6세의 상처와 두려움에 닿기 위해 노력했으며 조지 6세는 자기 자신보다도 더 그를 믿고 지지했다. 라이오넬 로그가 치료하고자 한 것은 한 사람의 말더듬이었으나, 타인의 세계를 만나기 위해 한 걸음씩 조심스레 다가가는 그의 다정한 여정은 많은 사람들에게 깊은 울림을 남겼다.

언어치료와 같이 구어 소통에 어려움이 있는 사람들의 의사소통 능력을 증진시키는 일은 의사가 질병을 치료하는 일과는 다르다. 이는 구어 소통 기능을 정상화하는 데 목적이 있는 것이 아니라 개인이 자신의 생각과 감정을 표현할 수 있는 방법을 찾고 타인과 상호작용할 수 있도록 지원하는 과정이기 때문이다. AAC 중재의 지향점 또한 여기에 있다. AAC라는 매개를 통해 말하지 못한 마음을 드러내고 사회적 소통을 회복하는 것. 때문에 AAC 중재는 장애의 유형보다 사람 그 자체에 초점을 맞춘다. 여기에는 정답이 없다. 대상자에게 정말로 필요한 것이 무엇인지, 대상자에게 가장 적절한 속도와 적합한 방식은 무엇인지, 매 순간 묻고 또 조율해야 한다. 대상자에게 접근하는 방법도 제각각 다르다. 누구에게는 기다림이, 누구에게는 반복이 더 큰 힘이 되기도 한다.

AAC 중재를 하고 있는 언어재활사와 특수교사 10명을 만나 현장의 생생한 이야기를 들었다. 이 글에서는 이들을 자격이나 직종으로 구분하기보다, AAC를 통해 구어 소통이 어려운 사람들의 의사표현방법을 함께 설계하고 타인과의 상호작용을 가능하도록 돕는 사람들이라는 의미에서 'AAC 중재자'라 묶어 부른다. 현장에서 만난 AAC 중재자들은 저마다의 방법으로 다양한 장애 유형의 대상자들과 소통의 고리를 만들어가고 있었다. 그리고 모두 한마음으로 '누구나 소통할 수 있는 세상'을 꿈꾸고 있었다. 서로 다른 언어도 존중받고 낯선 표현도 따뜻하게 환대받을 수 있는 세상을 만들어 가는 AAC 중재자들의 여정을 따라가 본다.

첫 번째 이야기

AAC,
오해와 편견을 넘어

── AAC 중재자 김정은, 조은영, 임세미 선생님 인터뷰 ──

구어 소통이 자유로운 사람들은 언어치료에 대해 말을 가르치거나 발음을 교정하는 일 정도로 오해하곤 한다. 언어치료를 단순히 '말하기를 위한 치료'로 한정해 바라보기 때문이다. AAC는 그보다 더 낯설다. 개념조차 모르는 경우도 많고, 알고 있더라도 그것을 '언어장애를 가진 사람들만 사용하는 특수한 장치'로 오해하는 경우가 많다. AAC 중재자를 찾아온 장애 당사자나 보호자도 AAC를 구어를 포기했을 때 선택하는 최후의 수단 정도로 여기는 경우가 적지 않다.

AAC 중재자 김정은, 조은영, 임세미 선생님으로부터 현장에서 느끼는 언어치료와 AAC에 대한 인식에 대해 들었다. 그들은 AAC

에 대한 인식을 바로잡는 일 또한 중재의 일부로 보고 있었다. 이 글에서는 현장에서 실감하는 AAC에 대한 오해와 편견, 그리고 그것을 넘어서기 위한 AAC 중재자들의 고민과 노력을 살펴본다.

Q. 선생님은 어떤 사람인가요?

김정은	조은영	임세미
12년 차 언어재활사, 엘씨드 센터	2년 차 언어재활사, 엘씨드 센터	15년 차 언어재활사, 이화나래언어학습연구소
왜	행복해요	고민
나는 '왜'라고 항상 질문하는 사람이에요.	나는 친근하고 밝은 사람이에요.	나는 고민하는 언어재활사입니다.

Q. 언어치료라는 일을 선택하게 된 계기가 궁금합니다. 처음 언어재활사가 되겠다고 결심한 개인적인 경험이 있었나요?

김정은 처음부터 '언어재활사가 되어야지!' 하는 거창한 꿈이 있었던 건 아니었어요. 언어치료학과를 지원하긴 했지만 전공도 다소 즉흥적으로 선택했거든요. 당시만 해도 언어치료라는 건 익숙하지 않은 개념이었어요. 그러다 보니 호기심이 생겼던 것 같아요. 언어치료학과 입학 안내 사이트에 하얀 가운 입은 사람이 책상에 앉은 대상자와 1대 1로 수업을 하는 듯한 사진이 있었어요. 그걸 보면서 언어재활사가 되면 저렇게 차분하고 안정적인 환경에서 일을 할 수 있겠구나, 하고 생각했죠. 물론 현실은 완전히 달랐지만요.

조은영 처음 진로를 결정할 때는 막연하게 사람들을 만나고 그들에게 도움을 주고 싶다는 생각만 가지고 있었어요. 그러다 식당 아르바이트를 하던 중, 청각장애를 가진 손님들을 만나게 됐어요. 모두 수어로 대화를 하는 분들이었죠. 장애에 대해 아무것도 몰랐던 저는 그분들에게 특별한 환경이나 도움이 필요할 거라고 생각했어요. 뭘 어떻게 해드려야 할지 몰라서 무척 당황했었죠. 저의 서툰 대응에도 손님들은 그저 저에게 고마워하셨어요. 그날의 경험으로 깨닫게 됐어요. 저 또한 장애에 대한 편견이 있었다는 사실을요. 그리고 말을 할 수 있든 없든, 식당에 와서 밥을 먹고 친구와 대화를 나누는 일상생활이라는 건 누구에게나 자연스럽고 당연한 일이어야 한다고 생각하게 됐어요. 그 일을 계기로 언어치료라는 분야를 알게 되었고, 사람들 사이의 소통을 가장 가까운 곳에서 도울 수 있는 직업이라고 생각해 이 길을 선택하게 되었어요.

(왼쪽부터) 김정은, 조은영, 임세미

임세미 원래 전공은 생명공학이었어요. 언어치료와는 관련이 없었고, 당연히 잘 알지도 못했죠. 그러다 자원봉사 활동을 하게 됐어요. 유아부터 초등학교 6학년까지, 아이들을 가르치는 일이었는데 아이들과 함께 소통하고 시간을 보내는 일이 생각보다 훨씬 즐겁고 재미있더라고요. 그 경험을 계기로 아이들과 함께할 수 있는 일에 대해 진지하게 고민하기 시작했어요. 아이들에게 도움이 되는 일을 하고 싶었죠. 그러다 언어재활사라는 직업을 알게 되었고 제대로 알아보고 싶다는 마음이 생겼어요. 결국 대학원에서 언어병리학을 다시 공부하게 되었고요. 그때 그 아이들과의 만남이 없었다면 지금 완전히 다른 삶을 살고 있을지도 몰라요. 그때 경험했던 소통의 즐거움이 제 진로를 완전히 바꾸어 놓았으니까요.

Q. 많은 사람들이 언어치료를 '말을 가르치는 일'로 오해하곤 합니

다. 선생님이 생각하는 언어치료의 본질은 무엇인가요?

김정은 사실 저 역시도 언어치료를 '발음을 교정해 주는 일', '말을 잘 하게 해 주는 일' 정도로 생각했던 것 같아요. 이후에 공부를 하고 실습을 나가면서 생각이 바뀌었죠. 언어치료에 대한 제 가치관을 형성하는 데 큰 영향을 준 대상자가 있었어요. 표현이 제한적이고 스트레스에 굉장히 취약한 분이었어요. 스트레스를 받으면 스스로를 다치게 하기도 했죠. 그분에게는 무엇보다도 의사소통의 즐거움을 알려주는 게 중요했어요. 의사소통이 재미있는 일이라는 걸 알아야 스트레스도 받지 않을 거고, 스스로 더 많이 소통하려 할 테니까요. 그래서 그분의 관심사와 선호도를 파악하고 즐거운 환경을 만들려고 노력했어요. 의사표현의 방법이나 정확성보다는 소통의 분위기를 만들고 관계를 형성하는 데 집중한 거죠. 실제로도 대상자가 편안함을 느낄 때 더 긍정적인 반응을 보였고요. 언어치료라는 건 결국 말 자체보다 의사소통이 일어나는 과정을 다루는 일인 것 같아요.

조은영 제가 첫 임상 실습 때 만난 대상자가 뇌병변장애인이었어요. 대부분의 동기들이 자폐나 지적장애 대상자들로 첫 임상을 시작했기 때문에 처음 만난 뇌병변장애가 저에게는 막막하기만 했죠. 그런데 걱정과는 달리 대상자가 아주 밝고 자기 주장이 뚜렷하더라고요. 제가 어떤 치료를 하고 성과를 냈는지보다 함께 시간을 보내며 많이 웃었던 기억이 더 나요. 그분 덕분에 이후에도 단어 수 늘리기 같은 정량적 목표보다 진정한 소통을 목표로 대상자들을 대하게 된 것 같아요. 언어치료는 정해진 기술을 주입하는 일이 아니라 그 사람이 어떤 방식으로 세상과 연결되고 싶은지를 찾아 주는 과정이라고 생각해요. 사람과 사람이 연결되기 위한 의사소통의 전반적인 흐름을 함께 만들어 가는 일이죠.

임세미 처음 언어치료를 공부할 때만 해도 이 일이 아이들에게 정말 많은 변화를 가져다 줄 수 있을 거라는 꿈과 희망을 잔뜩 품고 있었던 것 같아요. 언어치료에 대해서 잘 몰랐던 거죠. 연차가 쌓이고 경험이 많아질수록 오히려 '이 치료가 이 사람의 일상에서 정말 의미가 있을까'에 대해 많이 고민해요. 대상자마다 장애 유형이 다르고 처해 있는 상황이 다르고 기호가 다르고 원하는 바가 모두 다 다르니까요. 갈수록 더 쉽지 않은 것 같아요. 언어치료는 단순히 정상 발달에 도달하기 위한 과정이 아니라고 생각해요. 대상자가 원하는 것을 스스로 표현하고 삶의 자리를 확보할 수 있도록 돕는 과정이죠. 한 사람 한 사람의 마음을 이끌어내는 일이 언어치료의 본질인 것 같아요.

Q. 현재 진행하고 있는 AAC 중재에 대해 이야기해 주세요.

김정은 로우테크 AAC는 의사소통판을, 하이테크 AAC는 태블릿을 기반으로 한 **나의AAC**를 가장 많이 사용하고 있어요. 대상자가 상호작용적 의사소통을 할 준비가 되었는지, 또 현재 상황에서 실질적 요구가 있는지를 보고 AAC 중재를 시작합니다. 대상자의 특성과 필요에 맞추어 접근하는 편이죠. 보호자와 대상자 사이에도 요구 정도가 서로 다를 때가 있어요. 소통에 대한 대상자의 의지가 큰데도 보호자는 AAC가 필요하지 않다고 생각하는 경우가 있어요. 보호자 입장에서는 주로 일상 속에서 반복되는 요구만 처리하다 보니 굳이 AAC가 없어도 되는 거죠. 반대로 보호자의 의지는 큰데 정작 대상자의 상호작용 욕구가 낮은 경우도 있고요. 이렇게 요구가 서로 다를 때도 많아서 보호자의 의지와 대상자의 잠재력, 그리고 일상에서의 효용성 등을 종합적으로 판단해 치료를 제안하는 것 같아요. AAC 중재는 늘 여러 요소를 함께 고려해야 하는 일이죠. 대상자의 신체적 가능성, 사회적 관심도, 심리적 상태, 보호자의 기대, 일상에서의 사용 가능성까지, 모든 조건이 서로 연결되어 있어서 저 혼자서만 끌고 갈 수 없는 경우도 많아요. 그래서 늘 대상자뿐 아니라 주변인들의 의견까지 조율하며 가장 적절한 수준의 AAC 중재를 하려고 노력합니다.

조은영　저는 주로 자폐, 지적장애, 뇌병변장애를 가진 대상자들과 함께 AAC를 활용한 언어치료를 진행하고 있어요. 대상자의 특성과 필요가 모두 다르기 때문에 어떤 도구를 어떻게 사용할지는 매번 새롭게 조정하는 편이에요. 자폐 아동의 경우에는 시각 스케줄을 먼저 제시해서 수업의 흐름을 예고하고 의사소통판을 통해 선택하기를 연습해요. 시각적 예고가 잘 제공되면 아이들이 수업에 훨씬 안정적으로 참여하거든요. 지적장애 대상자에게는 음성 출력을 지원하는 **나의AAC**를 사용해 어휘를 배울 수 있도록 돕고 있어요. 필요한 어휘를 적절한 상황에 사용할 수 있도록 하기 위해서죠. 뇌병변장애 대상자들의 경우는 각자 가지고 있는 신체적 조건이 다 다르기 때문에 먼저 스위치로 기본적인 호출을 연습해요. 이 과정이 원활하게 되면 **나의AAC**로 대답하기를 연습하기도 하고요.

임세미　현재는 발달장애를 가진 초등학생, 고등학생, 성인을 대상으로 AAC 중재를 진행하고 있어요. **마이토키**와 **나의AAC**를 주로 사용합니다. 초기에는 그림 상징, 손담 등으로 대상자가 좋아하는 놀이 상황에서 의사소통을 유도하지만, 점차 하이테크 AAC로 중재하려고 노력해요. 그림 상징들 같은 경우는 일상에서 늘 가지고 다니기가 힘들잖아요. 그때그때 필요한 상징을 바로 준비할 수도 없고요. 그래서 웬만하면 하이테크 AAC를 사용하는 쪽으로 유도하는 편이에요. 물론 보호자와의 합의 과정을 반드시 거칩니다. 간

로우테크 AAC부터 하이테크 AAC까지

혹 태블릿을 사용하는 것에 대해 거부감을 느끼는 분들도 계시거 든요. 도구에 대한 합의가 이루어지면 대상자가 어떤 상황에서 어 려움을 겪고 있는지, 그 어려움을 해결하기 위해 어떤 표현이 필요 한지를 고민합니다. 이때 보호자와 긴밀히 소통하며 대상자가 처 한 환경이나 맥락을 이해하려고 노력하죠. 그래야 상황에 적합한 어휘를 선정하고 AAC에 적용할 수 있으니까요.

Q. AAC 중재 과정에서 가장 중점을 두는 부분은 무엇인가요?

김정은 중재 초기에는 대상자의 발달 단계를 세심하게 보는 편이에 요. '주세요' 제스처를 위해 손을 뒤집는 동작으로 예를 들어 볼게요. 대상자들 중에는 동작을 할 수는 있는데 그걸 유지하지 못하는 사람 도 있고 아예 손을 뒤집는 움직임 자체가 어려운 사람도 있어요. 작은 차이 같아도 이런 신체 활용 능력이나 감각적인 반응은 AAC 접근 방식에 큰 영향을 주는 요소라서 세세하게 나누어 봐야 합니다.

중재 중에는 평가를 지속적으로 진행하는 것을 중요하게 생각해요. 정량적으로 수치를 비교할 수 있는 평가는 아니지만 매 회기마다 대상자의 반응과 변화를 관찰하고 기록하죠. 대상자의 의사소통 요구나 표현 방식은 단기간의 관찰로는 파악하기 어렵거든요. 의사소통 경험이 적은 대상자들은 반복적으로 소통에 실패했던 경험을 가지고 있기 때문에 심리적으로 위축되어 있는 경우가 많아요. 때문에 의사소통이 안전하고 재미있는 경험이고 실패해도 괜찮은 경험이라는 걸 느낄 수 있는 환경을 먼저 만들어 줘야 합니다. 그러다 보니 시간을 두고 관찰하고, 반복적으로 확인하는 과정이 필요한 거죠. 그렇게 여러 상황을 거치면서 조금씩 드러나는 모습을 놓치지 않으려고 노력해요.

조은영 AAC 중재에 들어가면 간단한 사전평가를 통해 상징 이해도와 기기 접근성을 확인하고 어휘를 선택하게 되는데요. 제가 가장 중점을 두는 부분이 바로 이 어휘 선택이에요. 먼저 선호물을 파악하는 것이 정말 중요해요. 아무리 효율적으로 상징을 배열해도 대상자가 흥미를 느끼지 못하면 표현으로 이어지기가 어렵고 동기유발 자체가 되지 않거든요. 그래서 초기에는 대상자가 어떤 활동에 더 적극적인지, 어떤 상황에서 더 긍정적인 반응을 보이는지를 계속 관찰해요. 그 반응을 기반으로 생활 속에서 자연스럽게 사용할 수 있는 어휘를 다시 선별하고, 실제 상황에서 그 어휘들을 활용해 소통의 경험을 쌓을 수 있도록 돕는 편입니다.

대상자 가족의 참여를 이끌어내는 부분도 중요하게 생각해요. 치료실에서는 제가 모델링을 제공하고 표현을 이끌어낼 수 있지만, 가정에서의 반복이 없다면 일반화가 어렵거든요. AAC 도구에 대한 집착이나 상징에 대한 선호도 가족들이 잘 조율해 줘야 하고요. 그래서 저는 중재의 일부로 숙제를 제공하고 있어요. 그럴 때 제가 직접 간단하게 그린 그림을 활용하기도 하는데요. 즉석에서 아이 얼굴을 단순하게 그린 뒤 말풍선을 그려 넣고 그 말풍선에 채

워 넣고 싶은 말을 준비해 오라고 하는 식이에요. 숙제를 해 오면 그 결과물을 제가 다시 수정해 주기도 하고 다음 회기에서 활용하기도 하죠. 그렇게 숙제에 대한 피드백을 경험하고 나면 대상자나 보호자 모두 참여도가 조금이나마 올라가거든요.

임세미 중재에서 가장 중점을 두는 부분은 대상자에게 의사소통이 즐거운 경험이 되도록 만드는 일이에요. 아무리 좋은 기기를 사용해도 대상자가 그 상황을 부담스럽거나 어렵게 느끼면 표현으로 이어지지 않거든요. 그래서 우선은 대상자가 편안함을 느낄 수 있는 환경을 만들고 친밀한 관계를 형성하려고 최대한 노력해요.

의사소통은 결국 맥락 안에서 일어나는 것이기 때문에 '치료실 환경에서 그 맥락을 어떻게 구성하느냐'가 중요해요. 그래서 대상자가 의미를 느낄 수 있고 자연스럽게 표현할 수 있는 구조화된 활동을 세심하게 설정하려고 노력합니다. 일례로 발달장애를 가진 성인을 대상으로 '질문하기'를 집중적으로 훈련한 적이 있어요. 처음에는 훈련을 거의 시도하지 않던 대상자가 구조화된 환경에서 반복적으로 연습하니 점차 스스로 질문하는 모습을 보였죠. 거부의 의사 표현도 마찬가지예요. 식당에서 급식을 받을 때 "잡곡밥은 싫다"는 표현을 하지 못해서 대상자가 밥을 먹지 못하고 온 적이 있었어요. 원하는 것을 말하지 못해서, 싫은 것을 싫다고 말하지 못해서 겪은 일이었죠. 그래서 그 상황을 직접 모델링하며 여러 번

원하는 식사 메뉴를 표현하기 위한 연습

연습했어요. 식판 모양의 그림판에 원하는 음식 사진을 붙여가며 먹기 싫은 음식은 거부하고 먹고 싶은 음식은 요구할 수 있도록 훈련했죠. 그 결과 대상자가 정확하게 의사를 표현하고 거부할 수 있게 되었고 일상생활에도 큰 도움이 된 적이 있어요. 결국 AAC 중재를 통해 대상자가 자기 의사를 적극적으로 표현할 수 있는 장면을 하나씩 만들어 주는 것이 무엇보다 중요한 것 같아요. 그런 경험들이 자꾸 쌓여야 표현에 대한 의지도 높아지고 일상 속에서도 계속 의사소통을 위해 노력할 테니까요.

Q. AAC 중재를 할 때 직면하게 되는 어려움은 무엇인가요?

김정은 AAC 중재를 시도할 때 가장 먼저 마주하는 어려움은 주변 인들의 인식과 기대가 제각각이라는 점이에요. 보호자나 교사분들 중에는 아직도 AAC를 '사진이나 그림카드로 의사소통을 하는 방식' 정도로 이해하시는 분들이 많은 것 같아요. 단순히 그림카드를 가리키거나 건네는 행위만 떠올리기 때문에 AAC가 실제로 어떤 표현을 가능하게 하고 어떤 역할을 하는지 충분히 전달되지 않는 경우가 많아요. 그러다 보니 아이에게 필요한 표현이나 목표를 설명하는 데 시간이 오래 걸리곤 하죠.

　또 하나 어려운 점은, AAC 도구만 준비되면 당연히 소통으로 이어질 거라고 생각하는 경우가 생각보다 많다는 점이에요. '그림 상징판만 주면 되겠지', '앱만 설치해 주면 아이가 알아서 쓸 수 있겠지'하고 단순하게 받아들이는 거죠. 하지만 대상자는 그 도구가 뭔지, 왜 필요한지, 어떻게 써야 하는지 모르잖아요. 주변 사람들과 함께 반복적으로 사용하면서 상호작용해야 그 기능과 역할을 학습할 수 있어요. AAC는 단순히 버튼을 누르는 기술이 아니라 관계 안에서 쓰이며 그 의미를 배우는 의사소통 체계인데 그 부분이 종종 간과되곤 해요.

조은영 AAC 중재를 시도할 때 가장 먼저 마주하는 어려움은 아무래도 보호자분들의 걱정과 망설임이에요. 많은 보호자들이 'AAC를 쓰면 오히려 말을 못 하게 되는 것 아니냐'는 불안감을 갖고 계세요. AAC를 말을 포기하는 선택, 혹은 말이 끝까지 안 될 때 쓰는 최후의 선택지라고 보는 인식이 있는 것 같아요. 하이테크 AAC의 경우에는 기기를 구매하는 비용을 부담스러워 하시는 경우도 종종 있고요. 고장이나 파손 때문에 실사용을 주저하기도 하시고, 전자기기에 아이가 집착할까 봐 걱정하기도 하세요. 그러다 보니 중재를 시작하기까지 시간이 걸리는 경우가 더러 있는데요. 이런 상황에서는 AAC가 구어를 보완하고 확장하는 도구라는 점을 제가 더 적극적으로 반복해서 설명하려고 하죠. 이 부분을 충분히 이해하고 신뢰하는 데까지는 아무래도 시간이 필요한 것 같더라고요.

중재를 시작한 이후에는 보호자들의 기대치를 조절하는 과정이 어려울 때가 있어요. 보호자들은 주로 '요구하기' 기능을 원하시는데 여기에만 집중하면 자꾸 '이걸 눌러보세요'같이 일방적인 지시를 수행하도록 유도하게 돼요. 그러다 보면 대상자들이 AAC를 공부로 느끼거나 치료를 부담스럽게 여길 수도 있어요. 실제로 학습 중심의 치료 경험이 있었던 성인 대상자 중에 지시 수행을 유도하면 강한 거부감을 드러내면서 문제행동을 보이는 경우가 있었어요. 그럴 때 소리가 나는 버튼을 마음껏 누르며 AAC를 탐색하도록 했더니 훨씬 편안하게 사용하시더라고요. 결국 보호자의 불안과 기대 사이에서 균형을 잡고, 대상자의 부담을 줄이면서 자연스러운 표현을 이끌어내는 환경을 만드는 과정이 중요한 것 같습니다.

임세미 AAC가 '어렵다'고 생각하시는 분들이 많은 것 같아요. 좀 번거롭다고 생각하시는 분도 있는 것 같고요. 그래서 대상자의 주변인들의 참여를 이끌어내는 게 쉽지 않아요. AAC 중재가 사전 준비와 자료 제작에 매우 공이 많이 드는 치료 형태이기는 해요. 일단 보호자와의 면담을 통해 정보를 수집하는 과정도 중요하고요. 대상자들마다 처한 상황이나 그 상황마다 필요한 표현이 다 다르기 때문에 교구도 그때그때 따로 준비해야 해요. 예를 들어 로우테크 AAC를 사용하려면 필요한 그림 상징을 찾고 출력하고 코팅해서 자르고 찍찍이(벨크로 테이프)를 붙여서 분류하기 쉽게 준비해야 하고요. 대상자에게 필요한 환경이나 활동을 구조화하기 위한 교구도 일일이 만들어야 돼요. 하이테크 AAC도 마찬가지예요. 일단 업데이트가 되거나 계정이 바뀌면 오류가 생기기도 하기 때문에 태블릿 상태를 점검해야 하고요. 대상자마다 필요한 어휘나 상징도 직접 찾아서 배열해야 해요. 이때 원하는 어휘나 상징이 없으면 일일이 검색하거나 사진으로 찍어서 편집하는 경우가 많고요. 이렇게 상대적으로 많은 노력과 시간이 필요한 중재 방식이다 보니 보호자의 적극적인 참여를 기대하기가 어려운 게 사실이에요.

Q. AAC 중재의 어려움을 극복하는 나만의 방법이나 노하우는 무엇인가요?

김정은 AAC에 대해 오해하시는 분들을 만나면 저는 AAC가 단순한 도구가 아니라 장애인의 의사소통에 대한 권리를 보장하는 방법이라고 강조하는 편입니다. 교육자나 사회복지사 선생님들과 논의할 때도 마찬가지고요. 이 관점이 먼저 잡혀야 중재 방향도 흔들리지 않거든요.

AAC에 부정적인 보호자분들에게는 스스로 상징을 눌러보며 직접 사용해 보시라고 권해요. 도구만 있으면 할 수 있지 않느냐고 생각하는 분들도 막상 스스로 사용해 보면 쉽지가 않거든요. 상징 아래 글자를 가리고 사용하도록 하면 더 어려워하세요. 사실 글자가 없으면 누구도 그림 상징의 의미를 명확히 이해하기가 어렵거든요. 이런 직접적인 경험을 통해서 AAC의 원리와 구조, AAC 중재의 필요성을 설득하는 편이에요. 자폐 스펙트럼이 있는 고등학생을 중재한 적이 있는데, 초기부터 보호자께 함께 사용해 보시라고 권했지만 잘 이루어지지는 않았어요. 그런데 팬데믹 기간 동안 외출이 어려워지면서 보호자가 집에서 아이와 AAC를 함께 사용하기 시작한 거예요. 그제야 "내가 직접 써보니까 아이도 쓰더라"는 말씀을 하셨습니다. 이런 실제 경험이 보호자의 인식을 바꾸는 데 결정적인 역할을 하는 것 같아요.

제 개인적으로는 자신감을 가지려고 노력해요. 가끔 '내가 이 대상자의 의사소통 발달을 도울 만큼 충분한 지식과 능력이 있을까?'라는 의문이 들 때가 있거든요. 언어재활이라는 게 명확한 정답이 있는 일이 아니다 보니 불안과 부담이 항상 따라오는 것 같아요. 저는 이 감정을 피하지 않고 동력으로 삼으려고 노력해요. 그래서 학교 공부도 지속하고, 스터디도 하고, 연구도 하면서 저의 전문성을 계속 다지고 있어요. 대상자가 중요한 시기를 지날 때 제가 흔들리지 않고 도움을 줄 수 있도록, 저 자신을 점검하고 성장시키는 것 또한 중요한 것 같아요.

조은영 저는 대상자가 AAC로 소통하는 걸 좋아하도록 만드는 게 가장 중요한 것 같아요. 보호자가 아무리 AAC를 오해하고 어려워해도 대상자가 원하면 결국 함께 사용할 수밖에 없거든요. 한번은 아이돌을 좋아하는 대상자의 AAC에 좋아하는 아이돌의 사진을 쭉 넣어준 적이 있어요. 그랬더니 본인이 보고 싶은 아이돌을 누르면서 너무 행복해하는 거예요. 손 사용이 자유롭지 않은 친구라 그림을 그려도 사람들이 그게 무엇인지 잘 알아보지 못했는데, BTS의 정국을 그린 거라며 저한테 AAC로 직접 알려주더라고요. AAC로 좋아하는 아이돌 이야기도 할 수 있고, 영상을 보여달라고 요구할 수도 있으니 그 자체가 얼마나 재미있겠어요. 저는 이런 경험들을 보호자와 최대한 많이 공유하려고 노력해요. 대상자가 AAC를 통해 얼마나 즐겁게 소통하는지를 아시면 AAC에 대한 보호자의 오해도 자연스럽게 풀리는 경우가 많거든요.

다만 보호자분들에게 지나치게 많은 부담을 드리지는 않으려고 해요. 보호자들은 이미 신경 쓸 게 많기 때문에 너무 많은 정보를 드리면 과부하를 느끼기 쉽거든요. 그래서 지금 당장 사용할 수 있는 표현과 활동만 좁혀서 안내해요. 가정에서 사용해 보시라고 숙제를 내드릴 때도 치료실에서 모델링했던 상황 중 딱 한 가지만 연습해 보시라고 하고요. 이를테면 '물 주세요' 같은 간단한 상징 하나를 제공하고 그 상황만 집에서 해보라고 말씀드리는 거죠. 아주 작은 성공 경험을 쌓아 나가는 것이 보호자와 대상자 모두의 참여를 이끄는 효과적인 방법이라고 생각해요.

임세미 AAC가 일반화되기 위해서는 가정에서의 사용이 무엇보다 중요해요. 보호자들의 개입도 반드시 필요하고요. 그런데 현실적으로는 보호자가 AAC까지 신경 쓸 여력이 없는 경우가 많아요. 기본 생활만 유지하려 해도 손 가는 게 한두 가지가 아닌 데다가 아이를 데리고 다니면서 태블릿까지 가지고 다닌다는 게 사실 어렵거든요. 그래서 보호자의 부담을 최소화하면서도 대상자가 상호작용의 경험을 쌓을 수 있는 방법에 대해 고민을 많이 합니다. 예전에 그룹 치료를 진행해 본 적이 있어요. AAC 중재 중인 또래 친구와 같이 간단한 보드게임을 하도록 유도했는데 생각보다 진행이

잘 되더라고요. 이렇게 상호작용할 수 있는 새로운 맥락들을 자꾸 고민하다 보면 일반화를 위한 현실적인 대안들을 찾을 수 있지 않을까 생각해요.

개인적으로는 다른 재활사들이 AAC 중재를 준비하는 방법이나 과정을 찾아보는 것도 상당히 많은 도움이 돼요. AAC 중재가 다른 언어치료 방법들과는 다른 점이 많거든요. 그래서 가끔 막막하게 느껴질 때가 있어요. 새로운 도구들을 접하게 되면, 이 도구들을 언제 어떻게 사용해야 하는지 확신할 수 없어서 어렵게 느껴지기도 하고요. 그래서 실제 치료 과정을 담은 동영상이나 치료 사례를 공유하는 워크숍이 있으면 최대한 많이 찾아보려고 노력하는 편이에요.

Q. AAC와 관련해 꼭 해보고 싶은 연구나 프로젝트가 있다면 무엇인

가요?

김정은 AAC 사용자들이 지역사회에서 다른 사람들과 같이 AAC로 소통할 수 있는 프로젝트들이 많아지면 좋겠습니다. 예전에 근무하던 센터에서는 AAC를 사용하는 아이들과 함께 동네 아이스크림 가게나 편의점에 종종 나가서 연습을 하곤 했어요. 점원에게 인사를 하고, 자신이 원하는 물건을 고르고, 필요한 것을 AAC로 요청하는 경험을 해보는 거죠. 처음에는 대상자들도 긴장하고 보호자들도 불안해했어요. 가게 점원 역시 AAC를 처음 보는 경우가 대부분이라 어떻게 응대해야 할지 몰라 당황하곤 했고요. 그런데 여러 번 반복하다 보니 금세 자연스러워지더라고요. 아이들은 스스로 표현하는 일에 익숙해졌고, 주변 사람들은 아이들을 기다리고 아이들의 방식을 존중해 주기 시작했어요. 이 경험을 통해서 AAC 사용자가 일상 공간에서 자연스럽게 보이는 것 자체가 인식을 바꾸는 강력한 방식일 수 있다고 생각하게 됐어요. AAC가 장애인의 사회적 참여를 넓히는 권리 보장의 도구라는 점을 더 많은 사람들에게 보여줄 기회가 필요합니다.

조은영 저는 사회성 언어와 AAC의 관계를 본격적으로 연구해 보고 싶어요. AAC 중재가 주로 '요구하기'나 '거부하기' 같은 기본 기능에 머무르는 경우가 많은데 실제 생활에서는 그보다 훨씬 더 다양한 의사소통이 필요하잖아요. 특히 또래 친구에게 말을 걸고, 소소한 이야기를 나누고 함께 노는 상호작용이 발달 과정에서는 굉장히 중요하기도 하고요. 실제로 치료실에서는 AAC 기기나 상징을 잘 사용하던 아이들이 막상 학교나 놀이 상황에서는 AAC를 사용하지 못하는 경우를 많이 봤어요. 또래 친구들이 놀라거나 어색해하니까 본인도 쑥스러워서 사용을 멈추는 거죠. 그러다 보면 의사소통 기회 자체가 줄어들게 되고 표현하는 걸 멈추게 돼요. 저는 이 상황이 제일 안타까워요. 그래서 일상적 상호작용 속에서 AAC를 어떻게 활용하고 확장시키면 좋을지 연구해 보고 싶어요. 구어가 어렵다는 이유로 의사소통 기회 자체가 박탈되는 상황이 없도록 말이죠. 저는 앞으로의 AAC 연구가 언어 장애를 가진 대상자들만을 향하는 것이 아니라 사회 전반에 걸쳐 AAC에 대한 이해도를 높이는 방향으로 이어졌으면 해요. 그래야 AAC 사용이 치료실에만 머물지 않고 실제 사회적 환경, 일상 공간으로 확장될 수 있을 테니까요.

임세미 거창한 계획은 없지만 저는 제가 만나는 대상자들이 더 편하게, 그리고 더 재미있게 소통할 수 있었으면 좋겠다는 바람을 갖고 있어요. AAC를 사용해 자연스럽게 말을 주고받고, 함께 웃고, 자기 마음을 표현하면서 한 사회의 구성원으로서 즐겁게 대화하는 장면을 늘 꿈꾸고 있죠. 그래서 앞으로 기회가 된다면 AAC를 활용한 집단 상호작용 치료나 그룹 소통 프로젝트를 해보고 싶어요. AAC로 새로운 관계를 맺을 수 있도록 말이죠. 소통이란 결국 관계 속에서 발생하는 거잖아요. AAC 중재 역시 함께해서 즐거운 일이 되도록 만드는 게 중요한 거 같아요. 타인과 연결되며 느끼는 만족 감, 소통하는 경험이 주는 기쁨이야말로 AAC 중재가 만들어낼 수 있는 가장 좋은 그림이라고 생각해요.

Q. **이 일을 하며 가장 보람을 느끼는 순간은 언제인가요? 또 그 경험은 나에게 어떤 변화를 가져다 주었나요?**

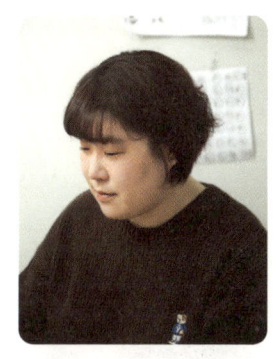

김정은 언어치료 대상자들의 대부분은 의사소통에 실패한 경험을 많이 가지고 있어요. 누적된 실패의 기억이 마음을 위축시키고 입을 다물게 만들죠. 그러다 보니 많은 대상자들이 표현에 소극적이에요. 소통에 대한 의지가 없는 경우도 많고요. 그래서 치료를 통해 대상자가 의사소통의 즐거움을 찾고 표현에 자신감을 보여줄 때, 언어재활사로서 가장 큰 보람을 느낍니다. 표현을 잘 못 하더라도 '대화를 하고 싶다'는 마음을 보여주고 움직일 때, 이 일을 하길 잘했구나, 하고 생각하게 되는 거죠.

일을 하면 할수록 내가 당연하게 하고 있는 의사소통의 중요함에 대해 깨닫는 것 같아요. 말하고 듣고 읽고 쓰는 과정이 실은 얼마나 복잡하고 어려운 과정인지, 또 얼마나 소중한지를 새삼 느껴요. 그도 그럴 것이 대상자들에게 어떤 개념을 가르쳐 줄 때마다 '내가 이걸 어떻게 배웠지?'하고 되돌아보게 되거든요. 대상자가 작은 변화를 보일 때마다 저 또한 같이 배우고 성장하는 것 같아요. 감사한 일이죠.

조은영 일을 하면서 대상자를 존중하는 태도를 배우게 되는 것 같아요. 대상자가 무엇을 원하는지, 어떤 것을 목표로 해야 일상에서 의미 있게 사용할 수 있을지 끊임없이 고민하게 되거든요. 한번은 뇌병변장애를 가진 대상자를 만난 적이 있어요. 발성도 안 되고 호명 반응도 없이, 대부분의 시간을 누워서 보내는 친구였어요. 이 친구에게 내가 뭘 해줄 수 있을까, 고민하다가 버튼 누르기를 연습했

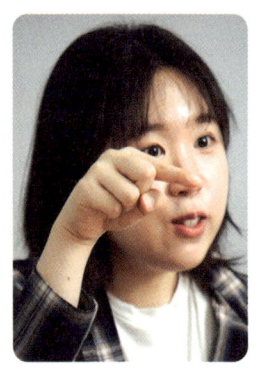

어요. 소리를 낼 수 없는 친구였기 때문에 사람이 바로 옆에 있지 않는 한 필요한 것이 있어도 요청을 할 수가 없었거든요. 사실 보호자가 24시간 내내 바로 옆에 붙어 있을 수도 없는 노릇이잖아요. 그래서 '선생님'이라는 단어가 녹음된 버튼을 주고 그걸 눌러서 저를 부르는 연습을 하도

록 했어요. 처음에는 당연히 버튼을 누를 생각조차 하지 못했어요. 그래서 제가 그 친구의 손을 계속 끌어당겨서 버튼을 눌러주고, 소리가 날 때마다 "나 불렀어?"하고 반응을 했죠. 그랬더니 어느 순간 이 친구가 저를 보고 손을 들더라고요. 움직임이 전혀 없었던 친구였는데 말이죠. 어느 날은 제가 교구를 챙기고 있는데 혼자 버튼을 누르는 거예요. 사실은 우연히 눌린 것이었는데 제가 답을 하며 나타나니까 그 친구가 환하게 웃더라고요. 그 장면을 아직도 잊을 수가 없어요. 그날 이후, 제가 자리를 비우면 버튼을 누르기 위해 손을 들어올리는 모습이 점점 늘어났어요. 버튼을 누르는 행위와 의도가 연결이 된 거죠. 이 경험으로 AAC가 대상자의 삶에 어떤 역할을 할 수 있는지를 실질적으로 깨닫게 되었어요. 언어재활사로서의 자부심도 느꼈고요.

임세미 지적장애를 가지고 있는 대상자를 5세부터 8세까지 치료했던 경험이 있어요. 치료 초기부터 제스처나 발성으로 드러내는 의사소통 의지는 분명했지만 구어 표현은 소리를 내는 수준에서 크게 벗어나지 못했죠.

이 아이와 **마이토키**를 활용해 AAC 중재를 시작했는데, 예상보다

훨씬 적극적이고 즐겁게 사용하더라고요. 회기가 이어질수록 상징을 3~4개 나열해 문장 형태로 의사 표현을 하는 모습까지 보였어요. 이렇게 아이들이 조금씩 성장하는 모습을 발견할 때 가장 큰 보람을 느끼는 것 같아요. 보호자 상담을 하면서 오래 품었던 고민이나 불안이 조금이라도 해소되었다고 말씀해 주실 때도 힘을 얻고요.

언어재활사로 일을 한 지가 15년이 넘었는데 그동안 제 안에서도 많은 변화가 있었어요. 특히 사회적 약자에 대한 생각이 많이 변한 것 같아요. 이전에는 막연히 누군가에게 도움이 되는 일을 하고 싶다는 마음이었다면 지금은 훨씬 구체적인 책임을 느껴요. 한 사람의 도약을 위해 무엇이 필요한지, 내가 줄 수 있는 도움은 무엇인지에 대해 더 깊이 고민하게 된 거 같아요.

Q. 마지막으로 우리 사회에서 AAC에 대한 인식이 어떻게 달라지기를 바라나요?

김정은 AAC가 우리 모두의 의사소통 권리를 실현하는 수단이라는 인식이 자리 잡았으면 좋겠어요. 그러려면 구어가 아닌 표현도 의사소통 방식으로 존중하는 관점이 중요하다고 생각해요. 언어재활에서의 '언어'는 구어만을 의미하는 것이 아닙니다. AAC를 통한 의사소통도 구어와 동등한 가치를 가진 언어라는 점을 받아들이면 우리 사회도 훨씬 바람직한 방향으로 나아갈 수 있을 거라고 생각해요.

조은영 저는 AAC를 바라보는 시선이 좀 더 자연스러워졌으면 좋겠어요. AAC를 쓰는 게 부끄러워서 소통을 포기하는 일이 없도록 말이에요. 우리 사회가 AAC를 누구나 사용할 수 있는 언어로, 함께 쓰는 언어로 받아들이기를 바라요.

임세미 AAC에 대한 인식이 달라지기 위해서는 '말'만이 정상 언어라는 편견에서 벗어나야 할 것 같아요. 표정, 몸짓, 발성, 그림처럼 다양한 방식이 모두 언어가 될 수 있고 AAC 역시 그중 하나의 형태일 뿐이거든요. AAC도 특별할 것 없어요. 그저 누구나 사용할 수 있는 자연스러운 의사소통 수단이라는 인식이 자리 잡았으면 합니다.

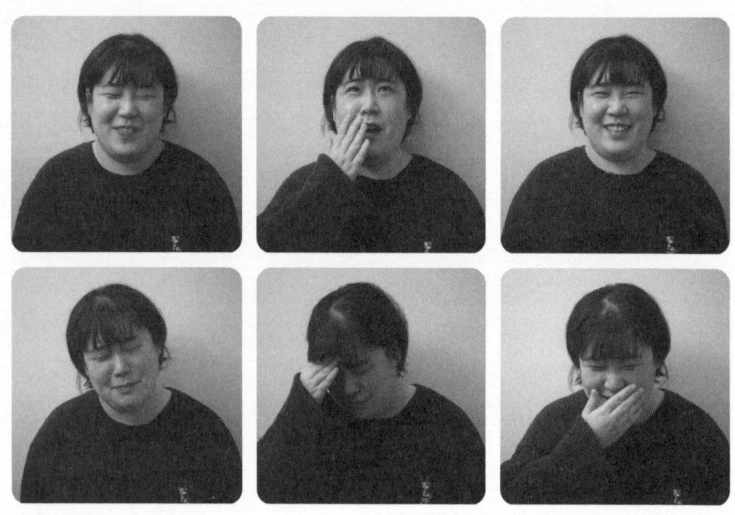

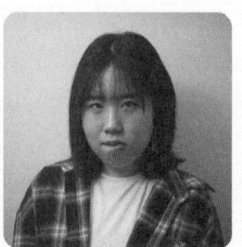

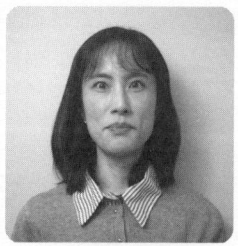
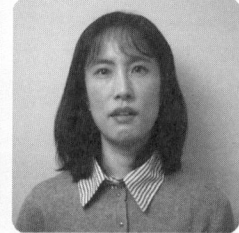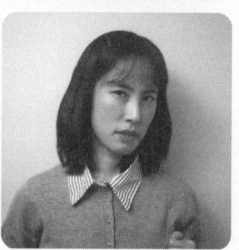

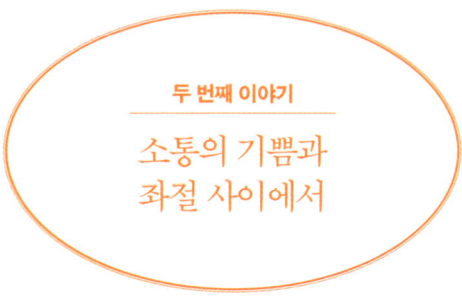

두 번째 이야기

소통의 기쁨과
좌절 사이에서

—AAC 중재자 신승희, 이주한, 이정은 선생님 인터뷰—

AAC 중재자들은 대상자가 보내는 작은 신호 하나하나에 주목한다. 대상자의 눈동자가 언제 움직이는지, 손은 어디를 향하는지, 표정은 어떻게 달라지는지. 말 대신 건네지는 미세한 신호 속에서 그들의 의도를 발견하는 그 순간부터 중재는 시작된다. 그들은 대상자가 스스로 표현하려는 의지를 가질 수 있도록 독려하는 한편, 대상자의 환경과 조건에 맞는 소통 방법을 함께 찾아 나간다. 물론 AAC 중재자들의 노력이 언제나 통하는 것은 아니다. 단단히 닫힌 마음의 문을 좀처럼 열지 않는 대상자들도 있고, 여러 날 반복해 어렵게 얻어낸 진전이 환경이 변하면서 다시 원점으로 되돌아가는 일도 있다. 언어치료가 지극히 작고 사소한 변화들을 천천히 쌓아

가는 여정이라면, 중재자들은 그 지난한 시간 동안 크고 작은 성취와 실패를 함께 겪는다.

AAC 중재자 신승희, 이주한, 이정은 선생님과 함께 AAC 중재 현장에서 다양한 대상자들과 울고 웃으며 지나온 시간을 나누었다. 그들의 이야기 속에는 AAC가 만들어낸 변화와 그 변화에 닿기까지 거쳐야 했던 수많은 시행착오가 고스란히 담겨 있었다.

Q. 선생님은 어떤 사람인가요?

신승희	이주한	이정은
8년 차 특수교사, 엘씨드 센터	9년 차 언어재활사, 에블:봄 발달운동센터	14년 차 특수교사, 에블:봄 발달운동센터

착해요

사람들

웃겨요

생각

나는 재미있는 생각을
많이 하는 사람입니다.

나는

이야기

좋아해요

나는 착하고
사람들을 좋아합니다.

나는 사람들과
이야기하는 것을
좋아하는 사람입니다.

Q. 현재 진행하고 있는 AAC 중재에 대해 이야기해 주세요.

신승희　지금은 주로 청소년과 성인을 대상으로 AAC 중재를 하고 있어요. 대상자마다 수준이 다르기 때문에 손담, 시각 스케줄, 의사소통판, 스위치 같은 로우테크 AAC부터 나의AAC, 마이토키 같은 하이테크 AAC까지, 여러 도구를 조합해서 치료에 활용합니다.

　2~3년 전부터 꾸준히 치료를 함께하고 있는 대상자를 예로 들자면, 초반에는 스위치와 의사소통판을 주로 사용하다가 지금은 하이테크 AAC를 병행하고 있어요. 자폐스펙트럼장애 진단을 받았고 자발어가 거의 없는 상태였기 때문에 처음부터 AAC 중재를 시도했죠. 초반에는 '요구하기'나 '인사하기' 같은 가장 기본적 기능부터 접근했어요. 그런데 특정 상황에서 자꾸 "도도도…" 같은 반복적인 발성을 내더라고요. 가만히 보니까 하기 싫다는 의미인 것 같았어요. 그래서 AAC를 활용해 '하기 싫어요', '하지 마세요' 같은 부정 의사표현 기능도 표현할 수 있도록 했더니 오히려 예전보다 소통이 잘 되더라고요. 지금은 놀이 상황 안에서 자연스럽게 필요한 어휘를 확장해 가는 방식으로 진행하고 있어요. 예전보다 훨씬 세밀하게, 실제 사용 가능한 어휘를 중심으로 접근하고 있고요.

이주한　저는 학령전기 아동부터 성인까지 폭넓은 연령대를 대상으로 AAC 중재를 진행하고 있습니다. 시각 스케줄, 스위치, 나의

AAC, 마이토키를 주로 활용하고 있는데요. 평가를 통해 의도성이 확인되는 대상자부터 단계적으로 AAC를 적용하고 있어요.

최근 제가 주목하고 있는 대상자는 16번 염색체 결손으로 생기는 루빈스타인 — 테이비 증후군^{Rubinstein - Taybi syndrome}을 가지고 있는 만 5세 아동인데요, 병원에서 "발화는 어려울 수도 있다"라고 이야기했을 만큼 예후가 좋지 않았다고 해요. 보호자 또한 아이가 소리만이라도 냈으면 좋겠다고 요청할 정도로 기대치가 낮았고요. 그도 그럴 것이, 생후 24개월부터 언어치료를 계속 받아왔지만 필요한 어휘와 자주 사용하는 이해 어휘만 증가했을 뿐, 발화를 하거나 표현하는 언어는 늘지 않은 상태였거든요. AAC를 시도해 본 적이 있냐고 보호자에게 물어보니 그동안 만났던 언어재활사가 7명 정도 되었음에도 모두 AAC 중재를 하기엔 너무 어린 나이라고 해서 한 번도 시도해 본 적이 없었다고 하시더라고요. 아이가 뭔가를 하고자 하는 의도와 욕구가 제스처나 시선으로 뚜렷하게 나오고 있으니 한번 시도해 보자고 말씀드리고, 처음 2회기 정도 PECS[2]로 AAC 중재를 시작했습니다. 예상보다 적응도 빠르고 상징 이해도

---

2 PECS(Picture Exchange Communication System : 그림교환의사소통체계)는 AAC 중재 방법의 하나로, 그림 상징을 의사소통 상대에게 건네어 원하는 사물과 교환하는 방식을 통해 의사소통 기술을 습득하도록 교육하는 프로그램이다. 의사소통 주도성을 촉진해 원하는 것을 상징카드와 자발적으로 교환하는 것에 주안점을 둔다. (박은혜·김정연·김경양 공저, 『보완대체의사소통』, 학지사, 164p 참조)

좋더라고요. 하지만 루빈스타인-테이비 증후군으로 인한 단지증(손가락이나 발가락의 뼈가 선천적으로 짧은 상태) 때문에 그림카드를 일일이 집고 떼는 조작 능력에는 한계가 있었어요. 그래서 손가락 끝으로 터치할 수 있는지 평가를 하고 곧바로 앱 기반 AAC로 넘어갔습니다. 지금은 범주어까지 이해하며 사용할 정도로 활용 범위가 넓어졌고요. 아이의 AAC 사용이 늘어나니까 가정에서도 놀이, 식사, 외출처럼 일상의 여러 상황에서 자연스럽게 AAC를 활용할 수 있도록 보호자들이 적극적으로 도와주고 있어요. 최근에는 직접 교육 프로그램까지 찾아다니시더라고요. 저는 이런 변화가 대상자의 표현 능력 향상 못지않게 중요한 신호라고 생각합니다.

이정은 지금은 발달장애부터 중도·중복장애, 희귀질환 아동과 성인까지 폭넓은 대상자들과 AAC 중재를 진행하고 있어요. 대상자들의 특성이 모두 다르기 때문에 사용하는 도구도 그만큼 다양하고요. 그림카드, 의사소통판, 의사소통책 같은 로우테크 AAC부터 음성출력형 기기, 안구마우스, **나의AAC**, **마이토키** 같은 하이테크 AAC까지, 상황과 단계에 맞춰 적용하고 있습니다.

아동의 경우에는 흥미를 보이는 지점을 포착해서 관련 어휘를 적용시키고 있어요. 이를테면 놀이를 하다가 마음에 드는 게 있으면 저에게 손을 내민다거나 얼굴을 들이미는 행동을 하는 경우가 있는데, 이럴 때 '같이 놀아요' 같은 어휘를 자연스럽게 끌어내 주

(왼쪽부터) 신승희, 이주한, 이정은

는 거죠. 여기서 그치지 않고 누구랑 같이 놀고 싶은지, 기분이 어떤지를 물어보기도 하면서 대화를 확장하기도 하고요.

성인의 경우에는 조금 다르게 접근합니다. 아무래도 성인 대상자들은 아동에 비해 지역사회 안에서의 경험이 많잖아요. 그러다 보니 평상시에 무엇을 하고 어디에 다니는지, 또 어느 식당을 주로 가고 누구와 만나는지와 같은 일상의 맥락을 활용하는 편이에요. 보호자에게 대상자의 평소 생활 패턴이나 환경에 대해 자세히 묻고, 그 정보를 중재에 반영하는 거죠. 예를 들어 대상자가 좋아하는 드라마가 있다면 그 드라마의 주인공이나 좋았던 장면을 가져와 대화를 해보기도 하고, 카페나 약국, 빨래방처럼 지역사회 안에서 이용할 수 있는 장소에 직접 가서 필요한 표현을 끌어내기도 해요. 소통의 주제가 자기 일상과 밀접하게 연결될수록 대상자들이 즐거워하시는 거 같아요. 실제로 어떤 성인 대상자는 빨래방에서 진행한 수업이 너무 즐거웠던 나머지 다음 회기 때 자기 빨랫감을 들고 온 적도 있어요. 또 빨래방에 가자고 말이에요.

Q. AAC를 처음 도입할 때, 어떤 평가와 절차를 거치나요?

신승희 처음에는 대상자에게 의사소통 기능과 의도가 있는지, 그리고 실물·상징·글자 중 어떤 단계에서 변별이 가능한지를 먼저 평가합니다. 기본적으로 대상자가 어디까지 이해하고 표현할 수 있는지 확인하는 과정이죠. 특히 의사소통 상대와 상호작용할 수 있는지가 중요하기 때문에 눈맞춤이나 호명 반응, 간단한 요구 표현 같은 부분을 중점적으로 봐요. 사람 사이의 소통은 결국 눈짓이나 표정 같은 비언어적 신호에서 시작되기 때문에 이런 기본적인 상호작용이 가능한지를 먼저 확인하는 거죠.

대상자에 대한 평가는 관찰, 초기 평가, 보호자 면담을 통해 단계적으로 진행해요. 초기 평가에서는 요구하기, 거부하기, 인사하기 같은 의사소통 기능이 실제로 나타나는지 체크리스트를 사용해 하나씩 확인합니다. 이를 통해 의사소통 의도가 거의 없는 경우, 이해 능력은 충분하지만 발화가 어려운 경우, 손담이나 제한적인 구어만 가능한 경우 등 대상자의 특성과 수준을 구체적으로 파악하죠. 이후 면담을 통해 보호자의 태도와 기대를 확인해요. 보호자가 AAC에 대해 어떤 생각을 가지고 있는지, 어떤 표현을 가장 바라는

지, 가정에서 어느 정도까지 AAC 사용을 지원할 수 있는지에 대해 듣는 거죠. 부모교육 역시 필수라고 생각하고요.

이주한 저는 먼저 대상자가 의미를 가지고 접근할 수 있는지, 그리고 의사소통의 의지가 있는지를 파악합니다. 기본적으로 AAC는 혼자 쓰는 도구가 아니라 상호작용 속에서 기능하는 방식이에요. 때문에 대상자가 상호작용에 참여할 준비가 되어 있는가를 확인하는 일이 중요할 수밖에 없죠. 그리고 일상에서 실제로 사용할 수 있는 도구가 무엇인지를 관찰합니다. 손을 움직일 수 있는지, 신체 중 편안하게 사용할 수 있는 곳은 어디인지 등, 어떤 범위까지 조작이 가능한지, 응시 기반 접근이 필요한지 등을 확인하고 그에 맞춰 사용할 수 있는 도구와 체계를 결정해야 하거든요.

이와 관련해서 기억에 남는 사례가 하나 있어요. 예전에 보조기기센터에서 만난 분인데, 지체장애가 있었고 어릴 적 소아마비 후유증 때문에 발화가 거의 되지 않는 성인이었어요. 당시 저와 또래였던 분이었는데 거의 짜내듯이 목소리를 내는 수준이라 의사소통이 불가능한 상황처럼 보였죠. 처음에는 그림 상징과 **마이토키**로 중재를 시작했는데, 이분이 계속 '휴대폰 하고 싶어요'라는 표현만 반복하는 거예요. 가만히 보니 손가락 움직임은 어느 정도 가능하더라고요. 그래서 휴대폰을 써서 중재를 시도해 봤는데 놀랍게도 글자를 알고 계시더라고요. 저는 물론이고 생활을 같이하는 활동지원사님도 몰랐던 부분이었어요. 이름이나 거주지 같은 정보를 직접 입력해 보시라고 했더니 오류는 조금 있었지만 충분히 읽을 수 있는 문장을 입력해 내셨죠. 표현할 방법이 없어서 평생 마음을 드러내지 못하고 살아온 사람도 있다는 걸 그때 정말 절실히 느꼈던 것 같아요. 이후에 그 대상자는 AAC를 사용해 택시를 부르고 혼자 영화관에 가기까지 했어요. AAC가 어쩌면 그분의 인생에서 큰 전환점이 된 거죠.

이정은 저는 대상자의 관심사를 가장 중요한 출발점으로 봐요. 관심이 있어야 '말하고 싶다'는 욕구가 생기고, 그 욕구가 생겨야 의사소통하기 위해 노력할 테니까요. 그래서 대상자가 무엇을 좋아하는지, 어떤 상황에서 가장 반응이 살아나는지를 먼저 꼼꼼히 살핍니다. 그 관심사를 통해 자연스럽게 의사소통이 일어날 수 있는 장면을 만들고, 그 뒤에 어휘 확장이나 주제 선정 같은 작업을 연결해 나가는 거죠.

보호자 면담을 통해서 정보를 얻는 과정도 있지만 저는 대상자와의 눈맞춤을 통해 시선을 쫓아가며 직접 파악하려고 하는 편이에요. 물론 자폐나 발달장애를 가진 대상자들의 경우, 사물에 관심이 너무 많아서 처음에는 상호작용이 잘 이루어지지 않을 때가 많긴 한데요. 그래도 눈을 맞추며 다가갈 수 있는 통로를 만들려고 노력해요. 대상자가 관심을 보이는 사물이나 인물, 콘텐츠에 제가 함께 관여하면서 그 관심이 자연스럽게 저에게 이어지도록 유도하는 거죠. 이렇게 발견한 관심사를 보호자께 말씀드리면 "집에서는 전혀 몰랐던 관심사예요"라고 놀라시기도 합니다.

Q. AAC 중재의 단계와 중재에서 가장 중점을 두는 부분은 무엇인가요?

신승희 평가를 기반으로 대상자에게 필요한 의사소통 기능이 무엇인지, 대상자의 의도를 나타낼 수 있는 환경을 어떻게 구조화하고 모델링할지 생각하게 되는데요. 그러면서 로우테크와 하이테크 AAC의 비중과 활용법을 고민합니다. 특히 저는 손담을 많이 활용하는 편이에요. 손담 사전을 만들어서 가정이나 학교에서 똑같이 사용할 수 있도록 전달하죠. 하이테크 AAC도 좋지만 집집마다 경제적인 상황도 다르고 대상자를 돌볼 수 있는 여력도 다르잖아요. 그래서 제가 제공해 드릴 수 있고 누구나 쉽게 접근할 수 있는 손담이나 의사소통판 같은 로우테크 AAC를 적극적으로 활용해서 일반화를 돕는 편이에요.

대상자들이 좋아하는 특정 활동에만 집중하지 않고 관심의 폭을 넓혀주는 것도 중요하게 생각합니다. 무조건 새로운 것을 강요하지는 않지만, 일상 속에서 조금씩 다른 방식으로 접근할 수 있게 기회를 열어두면 표현의 폭이 더 넓어지더라고요. 물론 장애 유형에 따라 거부반응이 심한 경우도 있어요. 저는 그 거부조차 하나의 표현이라고 봐요. 대상자가 자기 의사표현을 한 것이기 때문에, 거기서 무조건 안 된다 하기보다는 "이걸 먼저 해보고 다음에 저걸 해보자"라거나 새로운 대안을 제시하기도 하면서 자연스럽게 상호작용이 이어지도록 유도합니다.

이주한 AAC 중재는 보통 보호자 상담, 언어 및 의사소통 평가, AAC 도구 평가, 실제 중재의 순서로 진행합니다. 보호자와의 면밀한 상담에서는 대상자의 선호도나 생활환경, 일상적 루틴 같은 기본 정보를 파악하고, 이후 언어·의사소통 평가를 통해 의도성, 반응성, 기초적인 기능들을 세밀하게 확인해요. 그런 다음 대상자의 신체 능력과 접근 가능성에 맞춰 어떤 AAC 기기가 적합한지 도구 평가를 진행하고 중재를 시작합니다. 무엇보다 대상자를 충분히 이해하는 일이 중요해요. 그래야 그에 맞는 어휘를 선정하고 환경을 세팅하고 자료를 만들 수 있으니까요. 어휘를 어떤 방식으로 배열할지, 어떤 상황을 구조화할지, 어떤 도구를 더 편리하고 쉽게 사용할 수 있을지를 결정하는 데 모두 영향을 미치죠.

저는 특히 어휘 선정과 도구 선택에 대해 가장 많이 고민합니다. 대상자마다 필요한 어휘가 다르고, 사용할 수 있는 기기도 모두 달라서 하나의 도구로 고정하기 어렵거든요. 중재를 시작했는데 실제 생활에서 잘 사용하지 못한다면 도구 평가를 다시 하기도 하고, 구성이나 배열을 바꾸기도 합니다. 도구 자체를 교체하는 경우도 있고요. 도구를 선정할 때는 일상 맥락을 반영하는 것도 중요해요. 그래서 집의 구조나 가족 구성원의 기본 정보, 아이가 좋아하는 물건이 어디에 놓여 있는지, 방은 따로 있는지 같은 환경적 요소들을 보호자에게 자세히 물어봅니다. 특히 하이테크 AAC는 설정이나 조작에 손이 많이 가기 때문에 가정의 환경과 보호자의 현실적인 여건을 확인하는 일이 꼭 필요하죠. 결과적으로 어떤 어휘가 대상자의 실제 생활에서 필요할지, 또 어떤 도구가 대상자의 일상 속에서 잘 쓰일 수 있을지를 끊임없이 점검하면서 중재를 진행하는 편입니다.

이정은 저는 사전평가에 가장 중점을 두고 접근해요. 대상자가 어떤 의사소통 기능을 가지고 있는지, 어떤 방식으로 접근 가능한지, 어떤 환경에서 자연스럽게 의도가 드러나는지를 정확히 파악해야 이후 단계가 제대로 진행되기 때문이죠. 그리고 언제나 그렇듯 가장 고민이 되는 부분은 어휘 선정입니다. 어휘는 AAC 의사소통 중재의 목표와 직결되는 요소라서 어떤 단어를 어떤 맥락에 배치할지 결정하는 일이 늘 어려워요. 실제로 중재 과정에서 가장 어려운 부분이기도 하고요.

예를 들어 기본적인 어휘를 넣어 만든 의사소통판이나 책을 사용한다고 했을 때, 그 안에 대상자의 개인적인 관심사가 담긴 어휘가 반드시 포함되어 있어야 해요. 그래야 대상자가 '내가 하고 싶은 말을 여기에서는 표현할 수 있구나'라는 경험을 할 수 있고 그 도구를 사용해야 하는 이유를 알게 되거든요. 문제는 그 관심사가 무엇인지 파악하는 과정 자체가 어렵다는 것입니다. 그래서 활동 중 어떤 단어에 반응하는지, 어떤 장면에서 시선이 멈추는지, 그 포인트를 계속 찾아내야 하죠. 기본 어휘 안에서도 특정 단어에 관심을 보이면 거기서부터 꼬리에 꼬리를 물고 확장시키는 방식으로 어휘를 늘려가는 편이에요. 이 과정에서 보호자 상담이 정말 중요한데요. 회기에서 어떤 활동을 했고, 그 안에서 아이가 어떤 반응을 보였는지 먼저 이야기하고 나면, 보호자분들이 "아, 집에서도 그런 반응이 있었어요"라며 새로운 정보를 주실 때가 많거든요. 또 가정에서 사용하는 표현, 가족 내에서 그 사람이 맡고 있는 역할, 보호자와 주로 어떤 식으로 소통하는지 같은 정보가 실제 어휘 선정과 배치에 큰 영향을 미쳐요. 그런 의미에서 매 회기마다 보호자 면담을 하는 것이 중재 방향을 잡는 데 큰 도움이 돼요.

Q. 가장 인상 깊었던 AAC 중재 경험에 대해 이야기해 주세요.

신승희 4~5년 전부터 지금까지 치료를 진행 중인 무발화 자폐 청소년 대상자가 있어요. 처음 만났을 때는 이 친구가 스스로 할 수 있는 표현이 많지 않았어요. 제 기억에 '주세요', '더', '화장실' 정도의 손담을 사용할 수 있었고 의사소통 기능도 수긍·부정하기, 간단한 요구하기 정도가 전부였죠. 그런데 라포를 형성해가는 과정에서 관찰해 보니 이 친구가 좋아하는 것들이 아주 분명했어요. 유튜브로 노래 듣는 걸 좋아했고 사운드북이나 소리 나는 장난감 같이 청각적 자극을 주는 도구에 긍정적인 반응을 보였거든요. 이

런 관심사를 반영해 '틀어주세요', '듣고 싶어요' 같은 표현을 손담으로 유도했고, 음악을 듣고 싶은 정도를 표현하는 연습도 했어요. 대상자가 사용하는 손담을 사진으로 찍은 후 의사소통책처럼 엮어서 자기만의 손담 사전을 만들어 주기도 했습니다. 중재 과정에서는 일부러 예기치 못한 상황을 만들어서 상호작용을 유도하기도 했어요. 예를 들어 대상자가 듣고 싶어 하는 노래와 전혀 상관없는 음악을 틀어 본다거나, 태블릿을 달라고 했을 때 일부러 엉뚱한 물건을 건네는 식이었죠. 대상자가 '바꿔주세요', '싫어요'처럼 자신의 의도를 분명히 표현할 수 있도록 상황을 만든 거죠. 지금은 어휘가 굉장히 많이 늘어서 손담 사전을 들고 다니면서 스스로 필요한 표현을 찾으려는 모습도 자주 보여요.

저는 다양한 AAC 도구를 동시에 적용하는 방식이 효과적이라고 느끼는 편이에요. 상황과 필요에 따라 사용할 수 있는 도구를 선택할 수 있도록 하는 거죠. 도구마다 장단점이 다 다르거든요. 이를테면 손담은 즉각적인 표현에는 효과적이지만 다양한 명사를 구현하기는 어렵죠. 그럴 때는 바로 검색해서 추가할 수 있는 하이테크 AAC를 함께 쓰는 거예요. 의사소통이 다중 체계 속에서 이루어질 수 있도록 가능성을 열어두는 것이 중요하다고 생각해요.

이주한 저는 PECS부터 앱 기반 AAC까지 단계적으로 중재를 진행했던 만 4세 남아 대상자가 기억에 남아요. 고집이 세고 자주 떼를 부리는 친구였는데 발화가 전혀 없었어요. 평가를 해보니 이해 어휘는 생각보다 풍부하더라고요. 수용 어휘보다 표현에 좀 더 집중해 보면 어떨까 하는 생각에 부모님께 AAC 중재를 권유했습니다. 처음에는 AAC를 쓰면 말을 더 안 하게 되는 거 아니냐는 걱정으로 의견 충돌이 있었어요. AAC가 낯선 보호자들이 흔히 오해하시는 부분이라 논문과 연구자료, 중재 예시를 보여드리면서 자세히 설명했고, 결국 석 달만 시도해 보자는 약속으로 중재를 시작했습니다.

초기에는 PECS로 진행을 하다가 하이테크 AAC로 넘어갔어요. **My First AAC**[3]를 사용했는데, 상징을 누를 때마다 소리가 나오는 걸 대상자가 너무 좋아하더라고요. 그 소리를 듣고 제가 뭔가

---

3 NC문화재단에서 출시한 AAC 애플리케이션으로 현재 사용되는 **나의AAC**의 개편 전 버전에 해당한다.

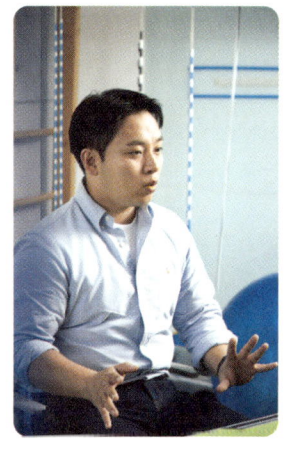

반응해 주는 것 자체가 재미있었나 봐요. 가지고 놀고 싶은 장난감이나 먹고 싶은 것, 만나고 싶은 사람을 묻고 답하는 단순한 활동에도 적극적으로 반응했고, 그 변화에 보호자의 태도도 눈에 띄게 달라졌어요. 집에 있던 공기계에 AAC 앱을 설치해서 집에서도 자주 사용하며 연습 영상을 찍어 보내주시며 피드백을 요청하기도 하셨죠. 덕분에 아이의 반응 속도도 점점 빨라졌고요. 그렇게 두 달쯤 지나자 아이가 제 입을 자꾸 툭툭 치더라고요. 앱을 켜고 상징을 찾는 시간이 답답하게 느껴졌는지 입을 움직이면서 말을 하고 싶어 했어요. 그리고 얼마 지나지 않아서 "선생님" 하고 소리를 내어 저를 불렀습니다. 물론 명료도는 많이 낮았지만 발화가 나온 거잖아요. 너무 감사하고 감동적이었죠. 이후 어휘 증진이나 문장 확장을 목표로 치료를 이어갔고 1년 2개월 동안 아이는 놀라울 정도로 성장했습니다. 치료를 마치던 날, 부모님 두 분이 함께 오셔서 너무 감사하다며 눈물을 보이셨는데 지금도 그때를 생각하면 감정이 북받쳐 오릅니다.

이정은 지금까지 많은 대상자를 만났지만, 그중에서도 저와 나이 차이가 크지 않아 친구처럼 느껴졌던 한 성인 대상자가 특히 기억에 남아요. 중증중복뇌병변장애로 누워 지내는 시간이 많아서 AAC 접근에 제약이 컸던 분이었죠. 처음 평가를 진행할 때, 보호자인 어머님께서는 '물 주세요' 정도만 표현할 수 있어도 충분하다고 하시더라고요. 그런데 제가 가만히 보니 대상자가 주변을 둘러보는 그 눈빛이 굉장히 초롱초롱했어요. '아, 뭔가 소통의 의지가 있구나'라는 느낌을 받았고 보호자에게 AAC 중재가 가능할 것 같다고 말씀드렸죠. 하지만 치료는 그로부터 1년 후에나 시작하게 되었어요. 아무래도 30대 중반의 성인 대상자이다 보니 AAC 중재를 한다고 해서 무슨 변화가 있을까 하는 의구심이 들어서 보호자가 망설이셨던 거예요.

중재를 시작했을 때 대상자가 표현할 수 있는 건 표정, 시선 응시, 미약한 발성, 미세한 팔의 움직임과 입 벌리기가 전부였고 휠체어에 앉아 있을 수 있는 시간도 20분 남짓밖에 되지 않았어요. 관심사가 뭔지도 잘 모르겠고 인지가 어느 정도 수준인지도 파악하기 어려웠습니다. 어디서부터 중재를 시작해야 할지 막막했지만 보호자와 활동지원사와 함께 머리를 맞대고 논의한 끝에 일상에서 가장 익숙한 사물부터 접근해 보기로 했어요. 첫

시작은 가장 많이 보는 사물들, 그리고 기본적인 욕구와 관련된 사물에서부터였습니다. 이를테면 매일 밥을 먹기 위해 위루관에 연결하는 주사기, 개인 물컵, 그리고 누워있을 때 항상 틀어놓는 TV 같은 것들이요. 실물 사진과 그림 상징을 매칭하는 활동에서부터 시작했어요. 그다음에는 턱 아래 스위치를 연결해서 입을 벌리면 소리가 나도록 설정했죠. 그랬더니 내 움직임이 결과로 이어진다는 인식이 조금씩 생기더라고요.

이후에는 안구마우스를 적용해서 중재를 이어갔고, 보호자의 이야기에 힌트를 얻어서 좋아하는 배우 사진을 활용한 응시 게임을 만들었어요. 화면을 응시하면 모자이크가 하나씩 벗겨지면서 배우의 사진이 드러나도록 구성한 게임이었는데, 박보검 배우의 얼굴이 완전히 나타나니까 대상자가 씩 웃더라고요. 가정에도 기기를 세팅해서 꾸준히 사용할 수 있도록 했더니 표현의 정확성이 점점 높아졌어요. 한 3년 정도 지났을 무렵에는 욕구 표현도 크게 늘었고 원하는 것을 대부분 응시 방식으로 표현할 수 있게 되었죠. 한번은 대상자가 다친 적이 있었는데, 어디가 아픈지 얼마나 아픈지를 AAC로 정확히 표현해서 모두가 놀랐던 적도 있었어요. 소통이 늘어나면서 표정도 밝아지고 의지도 굉장히 강해져서 움직임도 확장됐고요. 생각하면 할수록 이분과의 추억이 참 많네요.

Q. AAC가 좀처럼 정착되지 않거나 접근이 어려운 경우도 있나요?

어떻게 극복할 수 있을까요?

신승희 좋아하는 활동이 제한적이거나 새로운 활동에 거부감을 느끼는 대상자의 경우, AAC 접근이 어려울 때가 있어요. 새로운 표현과 경험의 폭을 넓혀주고 싶은 마음에 여러 가지 시도를 해보지만 준비한 활동이 단칼에 거절당하는 경우도 적지 않거든요. 그럴 때는 아쉬움이 들기도 하지만 최대한 조바심을 내지 않으려 노력해요. '안 된다', '싫다'는 거절도 소중한 의사 표현이고 그 의사가 존중받는 경험도 중요하니까요. 그래서 당신의 의사를 충분히 수용했다는 신호를 보낸 뒤, 다른 방식을 제안하거나 시간을 두고 다시 제안하는 방식으로 천천히 설득해 나가요. 중재자마다 다르겠지만 저는 대상자가 거부해도 새로운 시도를 멈추지 않고 해보는 편입니다. 물론 무조건 밀어붙이지는 않죠. 개인의 특성과 상황에

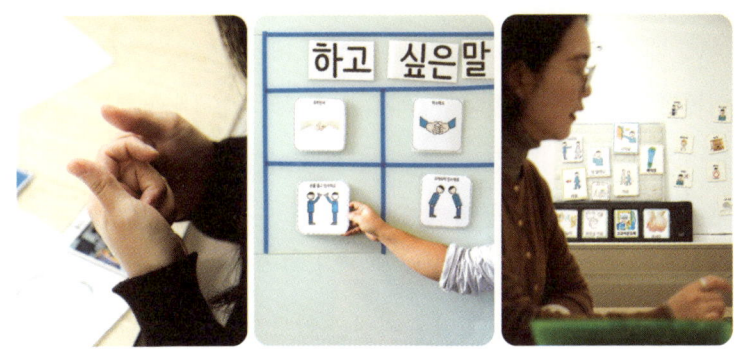

맞춰서 아주 작은 단위의 활동들을 끊임없이 시도해요. 이런 과정을 반복하다 보면 대상자가 새로운 경험을 받아들이는 폭이 조금씩 넓어지는 모습을 보이기도 하거든요.

　대상자의 수행 편차가 큰 경우에도 중재가 어려워요. 같은 난이도나 방식으로 접근해도 그날의 컨디션과 상황에 따라 수행 정도가 크게 달라질 수 있거든요. 어떤 날은 능숙하게 잘하던 활동을 다음 날에는 전혀 못 하기도 해요. 회기 중에 긍정적인 변화를 보이는 빈도가 현저히 적거나 지속적이지 않으면 '이게 과연 진전이 있는 건가'하고 불안한 마음이 들 수밖에 없어요. 결국 이 부분은 중재자가 계속 고민하고 조율하며 균형을 찾아야 하는 영역인 것 같아요.

이주한 뇌병변장애인이 거주하는 자립생활주택에 AAC 중재 지원을 나간 적이 있어요. 활동지원사와 사회복지사가 의사소통을 주로 담당하고 있는 환경이어서 이분들과 함께 평가를 진행하며 대상자에게 맞는 AAC 중재 방식을 찾아갔습니다. 대상자가 나의 AAC 앱 사용이 가능해서 최대 2×1구성의 상황판으로 회기를 운영했고, 그 과정에서 활동지원사와 사회복지사를 대상으로 한 교육도 병행했죠. 하지만 정해진 회기가 끝난 뒤 약 4개월 후, 다시 방문했을 때는 상황이 크게 달라져 있었어요. 그사이 활동지원사도 바뀌었고 제공해 드린 태블릿은 고장 난 상태였습니다. 제도적으로 회기 수가 제한되어 있어 이후 지원을 이어가기도 어려웠고요.

AAC는 대상자뿐 아니라 함께 소통하는 사람이 누구인지, 그 상대가 AAC를 얼마나 이해하고 대상자와 같이 연습하느냐에 따라 효과가 크게 달라집니다. 그래서 저는 치료 초반에 항상 보호자나 활동지원사에게 앱 사용법과 기본적인 중재 전략을 공유해요. 문제는 교육이 자리를 잡을 즈음 주변인이 바뀌거나 개인 사정으로 중재가 중단되거나 기기에 문제가 생겨서 처음부터 다시 시작해야 하는 상황이 많다는 거예요. 예전에는 이런 상황이 생길 때마다 허탈해지고 많이 힘들었어요. 아무리 애써도 안 되는 건 아닐까 싶어 무력해지기도 했고요. 그렇지만 결국 다시 시작하는 수밖에 없더라고요. 우리를 둘러싸고 있는 상황은 늘 변하고, 같은 사람들과 정해진 대화만 하고 살 수는 없으니까요. 그래서 이제는 그 상황을 실패가 아니라 새로운 환경에서 다시 소통할 기회가 생긴 것으로 받아들이려고 해요. 결국 AAC 중재는 장기적인 관점으로 접근하는 게 중요하다고 생각해요. 목표는 세우되, 그 목표에 충분히 도달하지 못했다고 해서 너무 실망하지 않고 상황에 맞게 조절해 나가는 유연함이 필요하죠. AAC 중재에서 가장 중요한 것은 반복과 지속이니까요.

이정은 AAC를 적용하는 과정에서 가장 한계를 느끼는 순간은 대상자가 의사소통의 의도성이 거의 없거나 아주 낮을 때예요. 의도성이 낮은 대상자일수록 표현의 단서를 잡아내기가 어렵거든요. 아주 미세한 신호를 읽어야 하고 그 신호의 의미를 해석하기까지도 많은 시행착오가 필요하죠. 또 작은 반응 하나가 나타나기까지도 시간이 오래 걸리기 때문에 그 과정에서 지치기 쉬워요. 회기가 쌓이는데도 변화가 나타나지 않으면 온갖 생각이 다 들죠. '이 친구가 내 이야기를 듣고 있는 걸까?', '내가 지금 하고 있는 중재 방향이 맞을까?', '이게 과연 의미가 있을까?' 등등.

그래도 제가 확신하는 건, 포기하지 않고 꾸준히 지속하면 변화는 반드시 일어난다는 점이에요. 다만 그 과정에서 중재자와 보호자가 지치지 않아야겠죠. 의도성을 키워주는 과정은 특히 많은 인내가 필요해요. 한 가지 활동에 익숙해질 때까지 동일한 자극을 동일한 방식으로 계속 제공해야 하거든요. 그 기간이 길다 보면 중재자와 보호자뿐만 아니라 대상자까지도 체력적으로, 감정적으로 소모되기 쉬워요. 때문에 중재자와 보호자 상호 간의 지지와 협력이 무엇보다 중요해요. 서로 지치지 않도록 다독이고 응원해야 해요.

Q. 중재 과정에서 대상자의 주변인의 반응이나 참여가 영향을 미쳤던 사례가 있다면 소개해 주세요.

신승희 저는 치료실에서 사용하는 의사소통판이나 손담 자료를 가정과 보호센터, 학교에서도 그대로 사용할 수 있도록 전달하는 편입니다. 의사소통 환경이 서로 연결될 수 있도록 하기 위해서죠. 예전에 자폐성장애를 가진 초등학생 대상자를 중재한 적이 있었는데요. 처음에는 반응도 거의 없고 표현도 아주 제한적이어서 뭘 원하는지, 뭘 좋아하고 싫어하는지를 파악하는 것 자체가 쉽지 않았어요. 그래서 치료실에서 '선생님', '도와주세요' 같은 기본적인 표현을 손담과 의사소통판으로 꾸준히 모델링했죠. 그리고 치료실에서 사용하던 의사소통판과 손담 사전을 그대로 가정과 학교에도 전달했고요. 그런데 어느 날, 이 친구의 어머님께서 다른 기관 선생님에게 들은 이야기라며 아이가 그곳에서 스스로 선생님을 부르는 표현을 사용했다는 얘기를 전해 주셨어요. 그 얘기를 들었을 때 정말 뿌듯했어요. 환경을 일관되게 맞추고 대상자의 주변인들이 함께 같은 방식을 사용했기 때문에 일반화가 가능했다고 생각해요. AAC는 함께 사용하는 사람의 수가 많아지고, 사용할 수 있는 공간이 많아질수록 더 큰 효과를 내는 도구거든요.

이주한 보조기기센터에서 근무할 때, 뇌병변 성인 대상자에게 안구마우스로 AAC를 적용한 적이 있어요. 그때 보호자분이 수업 내내 유리창 너머로 지켜보시더라고요. AAC에 대한 믿음이 없다 보니 불안하셨던가봐요. 보호자가 보고 있으니까 대상자의 눈길도 자꾸 보호자 쪽으로 향할 수밖에 없었고 결국 안구마우스를 제대로 사용할 수가 없었죠. 이렇게 보호자가 의심을 갖고 불안해하면 아무리 노력해도 중재가 잘 이루어지지 않아요. 대상자와 가장 많은 시

간을 보내고 가장 많은 소통을 하는 건 보호자니까요.

반대로 보호자가 적극적으로 참여하면 중재 효과는 훨씬 커집니다. 앞서 이야기했던 만 4세 남아 대상자의 경우가 그랬어요. 치료실에서 훈련한 내용을 보호자가 집에서도 꾸준히 적용하려고 노력해 주셨고, 잘 되지 않을 때는 직접 영상을 찍어 보내며 피드백을 요청하셨죠. 또 아이가 다니는 유치원과 태권도장에도 AAC를 설명하고 협력을 구하셨다고 하더라고요. 이렇게 보호자가 중심이 되어 환경을 조성해 주니까 대상자의 소통 범위가 크게 늘어날 수밖에 없었어요. 그만큼 변화의 속도도 자연스럽게 빨라졌습니다.

이정은 앞에서 소개했던 중증중복뇌병변장애가 있는 대상자의 AAC 중재를 할 때 보호자와 정말 긴밀하게 소통하며 치료를 진행했어요. 보호자와 함께 온라인 소통공간을 만들어서 매 회기 수업 내용과 활동 사진을 공유했고 보호자는 이걸 바탕으로 가정에서 연습한 모습을 영상으로 찍어서 다시 보내 주셨어요. 저는 또 그 영상을 보면서 보완할 점과 조정 방향을 피드백했어요. 보호자가 연습하면서 잘 되지 않았던 부분들은 다음 회기 치료 계획에 바로 반영했고요. 이런 기록들이 쌓이다 보니 어느 순간 하나의 일기장 처럼 되더라고요. 그 자체로 대상자의 변화가 한눈에 보이는 자료 가 된 거죠. 그 과정 자체가 중재의 큰 동력이 되었어요.

그런데 변화가 커질수록 예상치 못한 문제도 생겼어요. 대상 자의 의사표현이 늘어나면서 가정에서의 요구도 급격히 많아졌고 그 요구를 감당해야 하는 보호자의 부담이 커진 거예요. 당시 보호 자 역시 연세가 있는 분이어서 체력적으로나 감정적으로나 피로가 쌓일 수밖에 없었죠. 그때 깨달았어요. AAC 중재가 지속적으로 가 능하려면 보호자, 활동지원사, 선생님, 언어재활사, 그리고 대상자 까지 모두가 지치지 않고 지속할 수 있는 구조가 필요하다는 걸요. 한 사람에게만 부담이 과도하게 몰리면 아무리 효과가 좋아도 중 재가 안정적으로 이어질 수 없어요. 이 부분에 있어서 균형을 잡는 일이 굉장히 중요합니다.

Q. 현장에서 반복적으로 마주하는 어려움을 해결하기 위해 앞으로 해보고 싶은 프로젝트가 있다면 무엇인가요?

신승희 치료실과 가정-학교-기관과의 연계 시스템에도 관심이 많고, 새로운 AAC 도구들도 접목해 보고 싶어요. 그러다 보니 좀 아쉬운 점도 있습니다. 보조공학기기 대여나 신청 같은 제도가 마련되어 있기는 하지만 실제로 대상자가 기기를 지원받기까지의 문턱이 꽤 높거든요. 또 학교나 기관 연계 컨설팅의 경우에도 너무 짧은 기간 안에 평가와 결과 도출을 끝내야 하는 구조라 충분히 깊이 있는 중재를 설계하기 어렵고요. 이런 아쉬운 점들을 극복하기 위해서라도 더 다양한 증후군과 장애 유형을 직접 경험하며 AAC 중재의 폭을 넓히고 싶어요. 지금까지 해온 중재에만 머무르지 않고 계속 새롭게 시도하는 중재자가 되고 싶어요. 좀 더 심도 깊은 교육이나 연수도 받고 싶고, 여러 중재 케이스에 대해서도 공부해 보고 싶고요.

이주한 서울 지역만 보더라도 기기 접근성은 비교적 높은 편이지만 정작 필요한 분들이 적절한 정보를 접하지 못해 AAC 서비스를 모르고 지나가는 경우가 정말 많습니다. 사후관리 체계도 충분하지 않아서 기기를 지원받아도 지속적으로 활용하기 어려운 경우도 많고요. 보조기기 가격이 높다 보니 기회조차 얻지 못하는 분들도 많죠. 기기를 지원하고 공유하는 시스템은 정부 차원에서 이루어져야 하겠지만, AAC가 일상 속에서 자연스럽게 사용되기 위해서는 가정-학교-지역사회의 구성원들이 AAC에 대한 기본적인 이해를 갖추는 것이 우선이라고 생각해요. 부모교육, 교사연수, 치료사·사회복지사·활동지원사 간 통합 교육 등을 통해서 다양한 사례를 공유하고 역량을 강화하는 것이 하나의 방법이 될 수 있을 것 같아요. 이 과정에서 제가 할 수 있는 일이 있다면 힘을 보태고 싶고요. 대단한 목표나 바람은 없지만, 좀 더 편리하고 원활한 소통을 위해 제가 할 수 있는 일을 하려고 합니다. 최근에는 AI와 관련된 AAC 연구를 흥미롭게 지켜보고 있어요. 새로운 기술도 계속 공부하면서 빠르게 변화하는 사회에 발맞추어 나갈 수 있는 언어재활의 방향성에 대해서도 고민해 보려 합니다.

이정은 지난 10여 년을 돌아보면 보호자와 중재자들 사이에서 AAC에 대한 인식도 많이 달라졌고, 기술과 도구도 빠르게 발전했어요. 그런데 정작 현장에서 AAC 중재를 적용할 수 있는 전문가의 수는 많이 부족한 것 같아요. 그러다 보니 대상자들이 집 근처에서 편하게 중재를 받을 수가 없고, 보호자들이 먼 곳까지 이동해야 하는 부담을 감수해야 하죠. 제가 지역을 불문하고 다양한 기관에 강의를 많이 다니는 이유도 이 문제 때문이에요.

　여전히 많은 분들이 AAC는 장비가 복잡하다, 적용이 어렵다고 생각하시는 것 같아요. AAC는 하나의 커리큘럼을 만들 수가 없어요. 왜냐하면 대상자마다 특성이 다 다르거든요. 개인의 신체적·인지적 수준뿐 아니라 가정 환경이나 일상생활도 천차만별이다 보니 중재에 있어 고려해야 할 부분이 너무 많아요. 그 모든 것을 혼자서 감당하기에는 한계가 있죠. 그래서 다양한 사례들을 공유할 수 있는 네트워크를 구축해 보고 싶어요. 그 네트워크가 점점 확산된다면 많은 대상자들이 자신의 집 근처에서 쉽게 중재를 받을 수 있게 될 거고, AAC도 보다 보편적인 언어로 자리 잡을 수 있지 않을까요?

Q. AAC 중재를 하며 배운 점이나 변한 점이 있다면 무엇인가요?

신승희 이 일을 하면서 가장 많이 느끼는 건 여전히 배울 것이 너무 많다는 거예요. 매 회기 최선을 다하고는 있지만 늘 아쉬운 것 같아요. 그래서 '나는 아직 우물 안 개구리다'라는 생각으로 항상 배우고 공부하려고 노력합니다. 안주하지 않고 점점 성장하는 재활사가 되고 싶거든요. 제 주변에 있는 많은 분들이 제가 하는 일에 대해서 대단하고 멋지다고 말씀해 주세요. 저 또한 제가 현장에 있는 지금, 이 순간이 늘 특별하다고 느껴요. 매일 배우고 조금씩 더 성장하면서 대상자가 만들어내는 작은 변화를 가까이에서 오랫동안 지켜보고 싶어요. 그 자체가 제게는 큰 동력이거든요.

이주한 저는 '그럴 수 있지'하고 생각하는 여유가 생겼어요. AAC 중재를 하다 보면 목표대로, 계획대로 되지 않는 경우가 너무 많거든요. 그런 수많은 상황들을 조급해하지 않고 자연스럽게 받아들이게 되면서 긍정적인 태도를 갖게 된 것 같습니다. 흔히 말하는 직업병 같은 습관도 생겼는데요. 사람들의 의사소통 방식이나 태도를 매의 눈으로 유심히 관찰하게 되었어요. 말 이외의 표정, 몸짓, 시선 같은 비언어적 표현을 더 깊이 읽게 된 거죠. 아무래도 AAC를 다루다 보니 다양한 표현에 민감해진 것 같습니다. 그 외에 대단한 성장이나 변화를 말하기는 조심스럽지만, 그저 초임 때 가졌던 마음을 잃지 않게 계속 노력하고 있어요. 배우고 공부하고 고민하면서 말이죠.

이정은 처음 AAC 중재를 시작할 때는 부담이 컸어요. 다른 일을 해볼까 생각한 적도 있을 정도로요. 그런데 임상에서 만난 대상자들의 변화를 지켜보면서 이 길을 계속 가야만 하는 이유를 찾게 되었어요. 그동안 단절되어 있었던 대상자들이 자신의 감정과 생각을 표현한 뒤에 행복한 표정을 짓고 있는 모습을 보며 큰 보람을 느껴요. 보호자분들이 대상자가 저를 만나러 올 때 가장 행복해하는 것 같다고 말씀해 주실 때가 있는데, 그럴 때마다 정말 더 열심히 해야겠다고 다짐하고요. 일을 하면 할수록, 의사소통장애인들의 권리를 위해 함께 노력하고 움직여야 한다는 의지가 점점 커지는 것 같아요. 아직도 배워야 할 것들이 많지만 AAC가 우리 사회 곳곳에 자리 잡을 수 있도록 현장에서 더 노력해야겠다고 생각합니다.

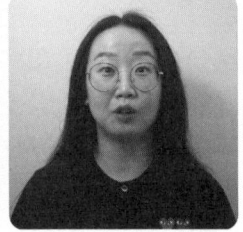

2장————— 말 너머의 말을 찾아서

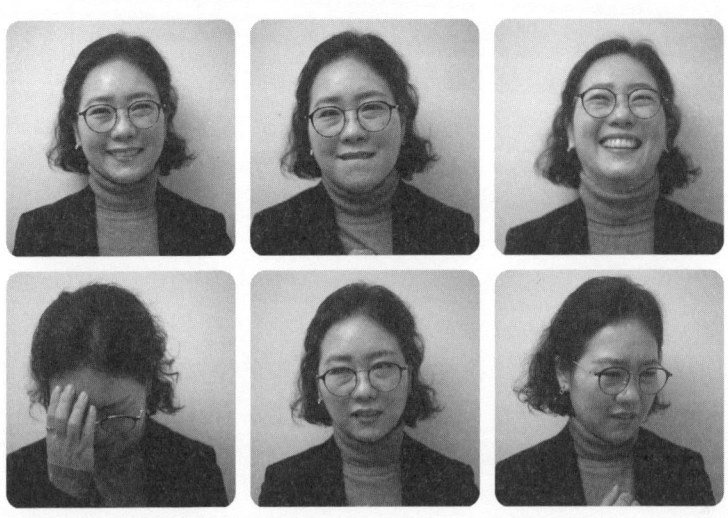

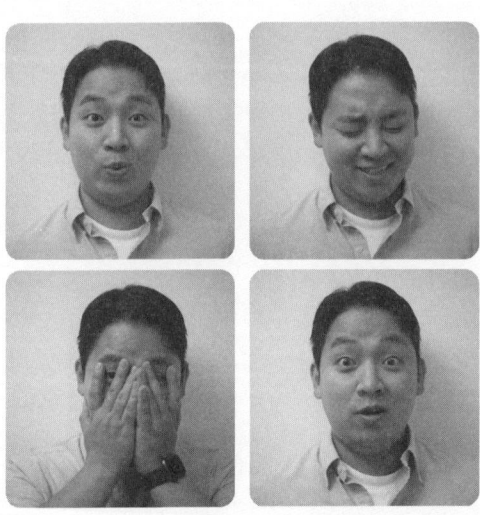

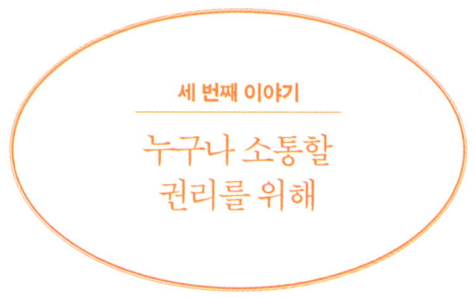

세 번째 이야기

누구나 소통할
권리를 위해

─ AAC 중재자 김지연, 전경해, 지혜, 백수진 선생님 인터뷰 ─

2023년 보건복지부에서 공표한 『장애인 실태조사 결과 보고서』에 따르면 만 7세 이상 장애인 중 전체의 22.4%가 일상적인 의사소통에 어려움을 겪고 있는 것으로 나타난다. 특히 지적장애·자폐성장애·언어장애와 같이 의사소통 기능에 직접적으로 영향을 받는 장애군에서는 70~80% 이상이 의사소통에 제약을 경험한다고 응답했으며 그 외에도 뇌병변장애(29.0%), 정신장애(23.9%) 등 다양한 장애군에서 어려움을 겪는 것이 확인되었다.[4]

---

[4]　보건복지부·한국보건사회연구원, 『2023년 장애인 실태조사 결과보고서』, 2023.
https://www.mohw.go.kr/board.es?mid=a10411010200&bid=0019&act=view&list_no=1483622&tag=&nPage=3

의사소통에 어려움이 있다는 것은 타인과 관계를 맺는 여러 경로가 제한된다는 것을 의미한다. 때문에 의사소통장애인은 사회적 참여의 기회에서 배제되기 쉽고 단절되거나 고립될 위험에 처할 가능성이 높다. AAC 중재의 궁극적 목적은 바로 여기에 있다. 그 누구도 배제당하지 않도록 돕는 것.

AAC 중재자 김지연, 전경해, 지혜, 백수진 선생님과 함께 AAC를 통해 의사소통이라는 기본적 권리를 보장할 수 있는 방법에 대해 고민해 보았다. 중재 현장에서 반복적으로 마주하는 문제들을 해결하기 위해, 그리고 AAC에 대한 사회적 인식을 개선하기 위해 우리가 함께 할 수 있는 일들은 무엇일까.

Q. 선생님은 어떤 사람인가요?

김지연	전경해
2년 차 언어재활사, 에블:봄 운동발달센터	14년 차 언어재활사, 이화나래언어학습연구소

행복해요

선물

저는 행복을 주고 싶은
사람입니다.

사랑

딸

재미있어요

저는 사랑스러운
딸아이의 엄마이자 꿈 많고
유쾌한 사람입니다.

지혜

8년 차 언어재활사,
엘씨드센터

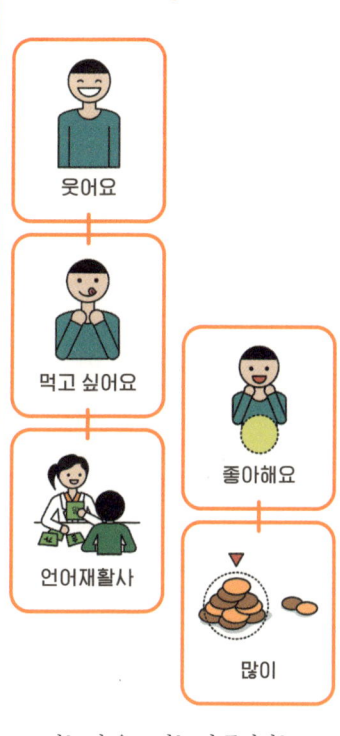

저는 잘 웃고 먹는 걸 좋아하는
언어재활사입니다. 그리고 사실
좋아하는 게 아주 많아요.

백수진

8년 차 언어재활사,
더자람ABA발달심리연구소

저는 대화를 좋아하는 친구 같은
사람이에요. 치료를 할 때는 탐정 같은
눈빛이지만 쾌활한 성격으로 다가가고
맡은 바에 최선을 다하려고
항상 노력한답니다.

Q. 언어치료라는 일을 선택하게 된 계기가 궁금합니다. 처음 언어재활사가 되겠다고 결심한 개인적인 경험이 있었나요?

김지연 저는 한때 무대 위에서 성공하는 삶을 꿈꾸던 사람이었어요. 대학교에서는 성악을 전공했고, 오페라 가수가 되기 위해 독일 유학을 준비하기도 했죠. 그러던 중 제 삶의 방향을 다시 생각하게 만든 사건을 겪게 됐어요. 그 일은 지금도 쉽게 꺼내기가 어렵습니다. 대학 시절, 함께 지내던 동기 언니가 있었어요. 언니가 지쳐 보이면 제가 끼니도 챙겨주고 수업에도 같이 가며 곁을 지켰죠. 그런데 제가 다른 대학으로 편입하면서 제 일에만 몰두하느라 언니를 제대로 살피지 못하게 됐어요. 그러다 이유도 묻지 못한 채 언니를 갑작스럽게 떠나보내게 되었고, 그 이후로 오랫동안 죄책감을 안고 지내야 했죠. 그때부터 무대 위의 화려한 성공보다는 누군가와 함께 있는 삶이 저에게 더 중요하다고 생각했습니다. 결국 유학을 포기하고 다시 공부를 시작했고 그 과정에서 언어재활을 만나게 됐죠. 마음을 담아 부르는 노래처럼, 언어재활 역시 마음을 나누고 전하는 일이라는 점에서 제가 사랑했던 성악과 닮아 있다고 느꼈어요. 물론 언어재활은 전혀 다른 영역이었고 언어재활사가 되는 과정도 결코 쉽지 않았지만요. 그래도 누군가와 함께하며 더 깊은 의미와 행복을 찾을 수 있을 거라 믿고 언어재활사의 길을 선택하게 됐어요.

(좌) 김지연,(우) 전경해

전경해 진로를 고민하던 시기부터 막연하게 '누군가를 돕는 일'을 하고 싶다는 마음이 있었어요. 처음에는 심리상담 분야로 방향을 잡았지만, 고민하는 과정에서 언어병리학을 알게 되었고 자연스럽게 관심이 생겼습니다. 개인적으로는 심리상담보다 언어재활이 치료 효과를 좀 더 명확하게 확인할 수 있다는 점이 매력적으로 느껴졌고요.

공부를 하고 임상 현장에 나와 보니, 진짜 배움은 그때부터였어요. 교과과정만으로는 알기 어려운 부분이 너무 많더라고요. 실습을 거치며 많은 시행착오를 겪고 경험이 많은 선배님, 선생님들에게 계속 조언을 구하며 조금씩 언어재활사의 일이 무엇인지 알게 된 것 같아요. 그리고 그 과정에서 제가 누군가를 도울 수 있다는 확신을 얻게 되었고요.

지혜 어렸을 때부터 다른 사람을 돕고 여러 사람과 두루 어울리는 것을 좋아했어요. 그래서 자연스럽게 누군가를 돕는 일을 하고 싶다는 꿈을 꾸게 되었죠. 그러다 사회복지사이신 이모가 근무하는 복지관에서 틈틈이 봉사활동을 하게 되면서 홀로 무언가를 해냈을 때보다 사람들을 도우며 함께 성취할 때의 보람이 저를 훨씬 더 행복하게 한다는 것을 깨닫게 되었습니다. 사실 처음에는 간호사가 되고 싶었는데요. '언어재활사'라는 직업을 알게 된 이후에는 이 일이 복지와 의료가 만나는 지점에서 누군가에게 실질적인 도움을 줄 수 있다는 사실이 크게 다가왔어요.

그렇게 언어재활사가 되어야겠다고 마음을 먹고 공부를 시작했습니다. 하지만 학부와 석사 과정을 모두 마친 후에도 저에게 언어재활사의 일은 어렵게만 느껴졌어요. 특히 교과서에서 배운 이론적 지식이 전부였던 제게 첫 임상실습은 큰 충격이었죠. 무엇이든 잘할 수 있다는 자신감이 실은 교만이었다는 것을 그때 처음 깨달았어요. 그날 이후, 대상자를 단순히 내가 치료하고 가르치는 의사소통장애인이 아니라 인간 대 인간으로 소통하며 공감해야 하는 존재로 대할 수 있는 좋은 언어재활사가 되겠다는 일념으로 계속 달려온 것 같아요.

백수진 어릴 때부터 말하는 걸 좋아해서 학창 시절에는 방송부 활동을 하기도 했어요. 잠깐 아나운서를 꿈꿨던 적도 있었고요. 그러다 사회복지에 관심이 많았던 어머니께서 언어치료라는 분야가 있다는 걸 알려주셨어요. 사실 제가 태어날 때부터 몸이 약해서 병원을 자주 드나들며 지냈거든요. 그때부터 언젠가는 누군가를 치료하고 돕는 사람이 되고 싶다는 막연한 마음을 품고 있었던 것 같아요. 언어치료가 '말'을 통해 다른 사람을 돕는 일이라는 점이 흥미롭게 다가왔고, 누군가에게 무언가를 설명하고 가르치는 일을 좋아했던 제 성향과도 잘 맞겠다는 생각이 들었죠.

학부를 졸업하고 소아 발달센터에서 첫 임상을 시작했는데요. 제가 생각했던 것과 현실에서의 일이 너무 다르더라고요. 아이들을 중재하는 일도, 보호자와의 관계를 만들어 가는 일도 생각보다 어려웠어요. 이 일이 정말 내 길이 맞나 싶더라고요. 그만두어야 하나 고민하던 차에 그래도 전공으로 보낸 시간만큼은 해봐야 하지 않겠냐는 어머니의 말에 힘을 얻어서 몇 년만 더 해보자고 마음을 다잡았죠. 3년간 센터에서 일한 뒤에 병원으로 옮겨 근무를 하게 됐는데요. 그때 신경계 손상이나 음성 문제를 가진 환자들을 만나

(좌) 지혜, (우) 백수진

면서 처음으로 이 일이 재미있다고 느꼈던 것 같아요. 그러면서 소아치료 및 성인치료 모두를 경험해 볼 수 있는 직장을 구해 일하면서 제 나름의 성취를 찾아 지금까지 이 일을 해 오고 있네요.

Q. AAC 중재에 관심을 가지게 된 특별한 이유는 무엇인가요?

김지연   봉사활동을 하면서 말을 전혀 하지 못하는 아이들을 만났던 적이 있어요. 그때 저는 언어재활에 대해 공부하기 전이었는데요. 그럼에도 그 아이들이 눈빛이나 표정으로 뭔가를 전하고 싶어 하는 걸 느낄 수 있었어요. 이후에 공부를 시작하고 임상에 나오면서 다양한 특징과 요구를 가진 대상자들을 만나게 되었고, 그 과정에서 대상자가 가진 강점을 기반으로 새로운 소통 경로를 열어줄 필요가 있다고 생각하게 되었어요. 눈빛이 강점인 사람은 시선으로, 표정이 풍부한 사람은 표정으로 자기 생각과 감정을 표현할 수 있으니까요. 구어가 아니더라도 서로 마음을 나눌 수 있는 방법이 있으면 좋겠다고 생각했는데, AAC가 바로 그 지점을 보완해 주는 도구였어요. 아주 작은 가능성에서 시작한 중재가 점차 소통으로 이어지는 순간을 경험하면서 AAC에 대한 관심도 자연스럽게 깊어진 것 같아요.

전경해   대학원 시절에 지도교수님이 진행하시던 AAC 관련 연구 프로젝트에 참여하게 되었어요. 당시 교수님이 **마이토키** 제작 연구팀을 운영하고 계셨고, 연구원 모집 제안을 받아 지원하게 됐죠. 그곳에서 주로 범주별 어휘와 문장을 분류하는 작업을 많이 했고, 어휘를 어떤 상징으로 표현할지 등 같은 세부 요소를 논의하는 회의에도 참여했어요. 박사 과정 선생님들이나 교수님이 맡기신 일을 열심히 도우면서 AAC에 대해 배웠던 것 같아요. 당시에 제작된 **마이토키**의 효과를 검증하는 단일대상 연구를 진행해 졸업 논문을 쓰기도 했고요. 그러다 보니 임상 현장에서도 **마이토키**를 활용한 AAC 중재를 자연스럽게 진행했던 것 같아요. 돌이켜보니 AAC와의 인연이 참 오래되고 깊은 것 같네요.

지혜　AAC에 관심을 갖게 된 이유는 한 재활병원에서 평가 의뢰를 맡았을 때 만났던 노령의 환자 때문이에요. 말실행증을 동반한 심도의 전반 실어증 환자였는데, 기존에 제가 알고 있던 어떤 의사소통 방법도 적용되지 않았어요. 숟가락으로 밥을 떠먹여 드리면 '아―' 하고 입을 벌리는 정도의 반응만 보였을 뿐, 기존의 도구로는 그 어떤 평가도 진행하지 못했죠. 결국 아무것도 하지 못한 채 10-20분 만에 평가를 중단해야 했어요. 많이 허탈했고 제 자신이 무력하게 느껴졌죠. 그날 이후 '기존의 방식으로 의사소통을 하지 못하는 분들에게 무엇을 해줄 수 있을까'하는 질문이 저에게 남았어요. 고민 끝에 찾은 답이 바로 AAC였습니다. 당시 근무하던 한 마음복지관에서도 AAC 중재를 하고 있던 터라 자연스럽게 관심을 가질 수 있었어요. 그때부터 AAC에 대해 더 깊이 배워야겠다는 생각으로 학과에 '보완대체의사소통' 과목 개설을 직접 요청해 수강했고 연구 주제도 AAC로 전환했습니다. 졸업 후에도 대학병원이 아니라 AAC 전문기관에서 임상 경험을 쌓겠다고 결정했고요.

백수진 사실 어떤 특별한 계기가 있었다기보다는, 그냥 순수하게 궁금했던 것 같아요. 상징을 골라서 자기가 하고 싶은 말을 표현하고 그에 대한 대답을 기다리고 다시 반응을 찾아가는 그 과정 자체를 보면서 '아, 이걸로 대화를 할 수 있겠구나'라는 느낌이 들었어요. 그래서 내가 만나는 대상자들에게도 한번 적용해 보고 싶다는 생각이 자연스럽게 들었던 것 같아요. 실제 치료 과정에서 대상자분들이 AAC에 보이는 반응도 굉장히 인상적이었어요. 성인분들은 TV나 휴대폰 같은 미디어 기기에 비교적 익숙하잖아요. 그런데도 화면에 자기가 좋아하는 상징이 있고 그걸 눌렀을 때 소리가 나면 그 자체로 너무 재미있어 하시더라고요. 자기가 표현하려는 걸 직접 눌렀을 때 제가 반응해 주면 너무 행복해하시고요. **나의AAC** 같은 경우에는 목소리 톤도 바꿀 수 있어서 제가 일부러 다른 톤으로 들려주면 그걸 따라 하시면서 깔깔 웃으시기도 해요. 그 모습을 보면서 '아, 이건 꽤 좋은 소통 도구구나'라는 생각이 들었어요. 듣고 보고 반응할 수 있는 분들이라면 누구나 접근할 수 있는 방식이니

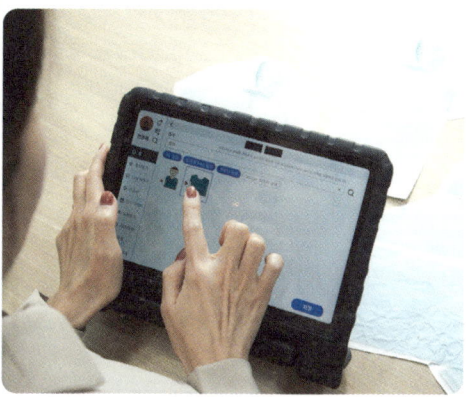

까 이걸 조금만 더 잘 활용하면 훨씬 많은 대화가 가능하겠구나 싶었죠. 그러면서 AAC에 더 깊이 관심을 갖게 됐던 것 같아요.

Q. AAC 중재에 있어 가장 중요하게 생각하는 부분은 무엇인가요?

김지연 상담을 하다 보면, 대상자의 약점에만 집중하는 보호자들이 종종 있어요. "이것도 안 되고 저것도 안 되는데 의사소통이 가능할까요?"라면서 염려를 표현하시죠. 실제로는 할 수 있는 표현이 굉장히 많은데 말이에요. 손가락으로 원하는 것을 가리킬 수도 있고 찡그릴 수도 있고요. 그런데도 보호자 입장에서는 자꾸 '안 되는 것'만 보이는 거죠. 이렇게 약점만 자꾸 보게 되는 이유는 세상의 기준이 비장애인에게 맞춰져 있기 때문이라고 생각해요. 그 기준에 머물면 우리 아이는 끝없이 모자란 아이, 아무것도 하지 못하는 아이처럼 느껴질 수밖에 없어요. 그런데 우리 누구나 다른 사람하고 비교당해 본 경험이 있지 않나요? 온전한 나로 인정받지 못한다고 느끼면 속상하고 자존심 상하잖아요. 대상자들도 똑같아요. 그래서 저는 대상자가 가진 강점부터 찾으려고 노력해요. 약점에 집중하면 할 수 없는 것들만 보이지만, 하나라도 잘할 수 있는 부분을 찾아 활용하면 작은 성공의 경험들을 쌓아 나갈 수 있거든요.

AAC 중재에서는 정해진 답을 기준으로 삼으려 해서는 안 된다고 생각합니다. 어떤 방식으로 표현해야 정답인지가 아니라, 개별 대상자가 낼 수 있는 소리와 몸짓, 표정과 시선의 움직임이 상대방에게 의미로 전달되는 과정이 더 중요하죠. 그래서 정해진 발음이나 형식을 요구하기보다 대상자가 가진 강점을 살려서 자신의 방식으로 표현할 수 있도록 돕고 있어요.

전경해 모든 중재가 그렇겠지만 AAC 중재에서도 보호자와 협력적 관계를 만드는 일이 치료만큼이나 중요하다고 생각해요. 그래서 보호자가 안심할 수 있도록 치료가 어떻게 진행되는지 명확히 안내하고 설명하는 과정이 반드시 필요합니다. 저는 보호자들을 만날 때 어떤 목표를 가지고 대상자와 무엇을 할지에 대해 구체적으로 말씀해 드려요. 그리고 보호자가 기대하는 치료 속도나 목표로 나아가기 위해 지금 필요한 단계가 무엇인지, 어떤 과정이 선행되어야 하는지를 차근차근 설명하죠. 보호자와의 관계가 잘 형성되어야 대상자도 안전하다고 느끼고, 일관되게 AAC를 사용할 수 있는 환경을 만들 수 있으니까요.

지혜 일반화까지 고려했을 때, 가장 중요한 건 가족의 참여 가능성과 사용 환경이라고 생각해요. AAC라는 게 결국 소통을 위한 도구이고, 대상자가 가장 오래 함께하며 많이 소통하는 사람은 보호자이기 때문에 가족의 참여가 중요할 수밖에 없어요. 하지만 저는 가족의 참여를 너무 강요하지는 않으려고 합니다. 물론 보호자를 포함한 가족의 참여가 적극적일수록 치료 효과가 좋아지는 건 사실이에요. 그래서 초반에는 '이렇게까지 할 수 있는 아이인데 왜 집에서 연습을 안 하시지?'하는 답답함이 있었어요. 그런데 시간이 지나면서 보호자가 감당해야 하는 양육의 무게를 이해하게 되었죠. 정상 발달하는 아이들을 키우는 것도 손이 많이 가기 마련인데, 얼마나 신경 쓰고 챙겨야 할 것들이 많겠어요. 그런 상황에서 제가 가정에서의 AAC 사용까지 요구하면 그분들에게 일을 하나 더 얹는 셈이 되잖아요. 잘하실 수 있으면 다행이지만 바쁘고 힘들어서 신경을 못 쓰면 보호자분들은 스스로를 자꾸 탓하세요. 그게 결국 보호자의 죄책감으로 쌓이더라고요. 그래서 요즘은 보호자가 무리 없이 실천할 수 있는 방향에 대해 더 많이 고민하게 돼요. 도구 중

심 AAC에만 집중하기보다 상황에 따라 비도구적 AAC를 함께 활
용하며 치료적 목표와 현실적인 환경 사이에서 균형을 잡으려고
노력하고 있죠.

백수진 사실 저는 너무 많이 도와주지 않는 걸 중요하게 생각해요.
AAC는 잘 활용하기까지 시간이 걸리는 도구거든요. 그래서 기다
림의 시간이 꼭 필요해요. 그런데 보호자나 주변 사람들이 지나친
관심을 가지고 앞서 나가면 오히려 AAC의 본질이 흐려질 수 있거
든요. 대화가 정답 맞히기는 아니니까요. 그래서 저는 대상자가 뭔
가 말하려고 할 때 먼저 알아채기보다는 일부러 모른 척해요. 예를
들어 대상자가 '우유'를 눌렀다고 해서 바로 우유를 갖다주면 대화

가 이어지지 않잖아요. 우유를 먹고 싶다는 건지, 우유가 싫다는 건지, 우유를 먹어서 배가 부르다는 건지, 계속 꼬리에 꼬리를 물고 대화를 하려고 하는 편이에요. 내 예상만으로 이 사람의 의도를 단정하려 하지 않으려고 노력합니다. 조금 지루하더라도 기다려 주고 스스로 끝까지 표현할 수 있도록 시간을 가지는 게 중요하다고 생각하는 거죠.

Q. 치료 현장에서 느끼는 AAC에 대한 사회적 인식은 어떤가요?

김지연 AAC를 말 못 하는 사람들이 쓰는 도구로만 보는 경향이 있는 것 같아요. 더 정확히는 '소통'을 위한 도구가 아니라 일방적으로 '반응'을 확인하기 위한 도구로 이해하는 거죠. 과격하게 표현하면, AAC를 그저 버튼 누르는 기술 정도로만 생각한다는 거예요. 최근에도 그런 경험이 있었어요. 제가 담당했던 대상자에게 어떤 분이 계속 태블릿을 들이밀면서 "이거 눌러봐요, 말해봐요"라고 요구하시더라고요. 사실 그 순간 대상자가 말하고 싶지 않을 수도 있고 다른 방식으로 표현하고 싶을 수도 있는 거잖아요. 그런 의도를 살피지 않은 채 무조건 버튼을 누르라고 요구한다면 그건 소통이 아니라 수행을 강요하는 것에 가깝죠.

이런 인식은 저희 같은 전문가들도 경계해야 하는 문제인 것 같아요. 특히 하이테크 AAC를 사용할 때 더 주의해야 하죠. 애플리케이션의 작동이나 수행에만 집중해 접근하다 보면 정작 중요한 소통의 맥락을 놓치기 쉽더라고요. 버튼을 누르는 행위에만 집중하다 보면 그 사이에 대상자의 표정이 어떻게 달라졌는지, 몸이 어떻게 움직였는지, 눈빛이 어디에 머물렀는지를 충분히 살피기 어려워지는 것 같아요.

전경해 10년 전만 해도 AAC에 대한 인식이 좋지 않아서 보호자께 AAC 중재를 권할 때 조심스러웠어요. AAC가 오히려 구어 사용을 완전히 포기하게 만들까 봐 많은 분들이 걱정하셨거든요. 하지만 다행히도 최근 몇 년 사이 인식이 많이 달라진 것 같아요. 여러 기관에서 AAC를 꾸준히 알리려고 노력한 덕분인지, 오히려 AAC 중재를 해보고 싶다며 먼저 연락을 주시는 분들도 많아졌거든요. 예전처럼 설득에 많은 시간을 쓰지 않고, 조금만 설명해도 바로 이해해 주시는 분들이 많아졌다는 점에서 확실히 AAC에 대한 인식이 많이 개선되었다는 걸 느낍니다. 다만, AAC를 구어로 가기 위한 전 단계로 생각하는 견해는 여전히 남아있는 것 같아요. AAC를 하나의 언어 체계가 아니라 구어를 배우기 위한 교육적 수단 정도로만 이해하는 시선이 남아있는 거죠. AAC를 사용해 의사소통하는 것도 분명한 의사소통임에도 이것은 진짜 대화가 아니라고 느끼시는 경우도 있어서 좀 안타까워요.

지혜　　아직도 AAC는 많은 사람들에게 낯선 개념인 것 같아요. AAC를 사용하는 사람이 존재한다는 사실조차 모르는 경우도 많고요. 저는 이것이 편견이라기보다, 보이지 않기 때문에 인지하지 못하면서 생기는 문제라고 생각해요. AAC를 사용하는 분들은 외부 활동이 쉽지 않은 경우가 많잖아요. 그래서 비장애인들이 일상에서 이들을 만난다거나 AAC로 소통하는 모습을 접할 기회가 많지 않아요. 그러다 보니 사람들이 AAC라는 의사소통 방식의 필요성 자체를 느끼지 못하는 것 같습니다.

이런 인식의 한계는 AAC 중재의 일반화에도 영향을 미칩니다. 학교나 가정, 지역사회에 AAC를 사용할 수 있는 환경이 마련되지 않으면 치료실 안에서는 가능했던 AAC 소통이 밖에서는 이어지기 어렵죠. 더 많은 환경에서 AAC가 자연스럽게 사용되고, 사람들이 이를 실제로 접할 수 있는 기회가 늘어난다면 상황이 조금씩 나아질 거라고 생각해요.

백수진 예전보다는 나아졌지만 AAC에 대한 오해는 여전한 것 같아요. 화면을 보고 누르기만 하면 되는데 그냥 쉬운 거 아니냐, 그게 무슨 치료냐는 식의 인식도 여전히 남아있고요. 미디어 기기에 익숙하다 보니 AAC도 그냥 손가락만 움직이면 쉽게 할 수 있는 거라고 생각하시는 경우가 많은 것 같아요. 간혹 보호자들 중에는 아이가 자기 이름을 쓰길 바라거나, 보호자의 말을 알아듣고 그에 맞는 상징을 눌렀으면 좋겠다고 하세요. 집 사진을 보면 집인 걸 알고, 엄마 사진을 보면 엄마인 걸 아는데 상징을 누르는 게 뭐가 어렵냐는 거죠. 그런데 실물을 알아보는 것과 그림 상징을 이해하고 내가 하고 싶은 말을 상징과 연결하는 것, 그리고 그걸 눌러서 표현하는 과정은 난이도가 완전히 다르거든요. 이 차이가 종종 잘 받아들여지지 않는 것 같아요. 보호자 입장에서는 너무도 자연스럽고 간절한 바람이라는 것을 충분히 이해해요. 다만 AAC는 인지 수준을 확인하는 도구도 아니고, 단어를 맞히는 연습도 아니라는 점을 분명히 말씀드리고 싶습니다. 어디까지나 AAC는 대화를 위한 도구니까요.

또 AAC를 쓰는 것보다 옆 사람이 대신 말해주는 게 더 효율적이지 않느냐는 시선도 여전히 있는 것 같아요. 실제로 대상자와 함께 카페나 편의점 같은 일상 공간에 나가 보면, AAC로 주문하는 데 시간이 걸린다는 이유로 저한테 대신 말해달라고 요청하시는 경우가 더러 있거든요. 연습을 해야 한다고 설명하고 양해를 구하면서도 늘 미안해해야 하는 상황이 씁쓸할 때가 있어요. 당장은 대신 말해주는 게 편해 보일 수 있지만 그렇게 해서는 그 사람의 목소리가 만들어질 수 없습니다. '그냥 도와주면 되지'라는 생각이 어쩌면 또 다른 배제의 방식이 아닐까 하는 생각도 들어요.

Q. 언어재활사의 AAC 활용 역량을 키우는 데 가장 필요한 지원은 무엇일까요?

김지연 제 경험을 돌아보면, AAC 중재에 대해 보고 배울 수 있는 환경이 꼭 필요한 것 같아요. AAC는 단순한 기술이 아니라 언어·인지·운동·보조공학 등 다학제적 접근이 필요한 영역이라 알아야 할 것들이 정말 많거든요. 학교 교육만으로는 실제 중재에 바로 적용할 수 있는 충분한 정보를 얻기 어렵기 때문에 AAC 중재를 위한

전문 연수가 꼭 필요하다고 생각합니다. 특히 앱 기반 AAC의 경우, 여전히 많은 언어재활사 선생님들이 활용을 어려워 하시거나 꺼리시는 것 같아요. 기기에 대한 이해도 있어야 하지만, 사전에 준 비해야 할 것도 너무 많거든요. 개별 대 상자의 특성과 환경에 맞춰 상징 선택, 배열, 접근 방식 등을 다 다르게 준비해 아 하다 보니 고민하고 고려해야 할 요소도 많고요. 개인적으로는 계속 공부하고 다양한 기기도 직접 써 보고 선배 선생님들에게 자 문도 구하면서 스스로 경험하고 고민하는 수밖에는 없는 것 같아 요. 저 역시 퇴근 후에도 대상자의 표정과 눈빛, 움직임을 계속 떠 올리며 '뭘 표현하려 했을까' 하고 곱씹어요. 정해진 매뉴얼을 기대 하기 어려운 영역이기에 결국 스스로 부딪치는 수밖에 없죠. 그 시 간만큼 언어재활사로서의 제 역량도 조금씩 성장하지 않을까요?

전경해 사실 AAC 치료를 한 번도 경험해 보지 않은 언어재활사들 도 많아요. 실제로 제가 기관에서 선생님들을 채용할 때 면접을 보 는데, AAC 중재 경험이 있는지 여쭤보면 없다고 하시는 분들이 꽤 많거든요. 기회만 되면 해보고 싶다고들 하시는데, 막상 시작하려 고 하면 어디서부터 어떻게 접근해야 할지 좀 막막할 수 있을 것 같아요. 학교에 AAC 관련 과목이 있기는 하지만, 이론을 배우는 것과 실제로 적용해 보는 것은 완전히 다르니까요.

　　AAC 중재에서 중요한 것 중 하나가 바로 '맥락을 어떻게 구성하느냐' 인데요. 대상자가 상징을 누르지 않을 때 모델링을 먼저 보여줄지, 손을 잡아 함께 터치해 볼지, 촉각적·언어적 단서를 줄 것인지 등에 대해 단계별로 구조화해야 하죠. 치료실 안에서 모든 상황을 제공할 수 없기 때문에 그만큼 전략을 정교하게 세워야 하는 부분이 있습니다. 저도 대학원 시절 단일대상 연구를 위해 40회기 정도의 AAC 중재를 진행한 적이 있는데, 그때 가장 어려웠던 부분이 바로 이런 세부적인 절차였어요. '어떻게 상징을 누르게 할 것인가', '오반응을 했을 때 어떻게 반응해야 하는가', '어떤 자극으로 반응을 이끌어낼 것인가' 같은 실질적인 기술들이요. 교과서나 논문에서는 이런 내용을 찾아보기 어려워서 선배 선생님들께 많이 여쭤보며 해결해 나갔던 기억이 있어요. 그래서 AAC 중재 경험이 없는 선생님들을 위해 구체적이고 실질적인 전문 연수가 지속적으로 마련되면 좋겠습니다. 언

어재활사협회나 서울시장
애인의사소통권리증진센터
에서 꾸준히 AAC 관련 교
육을 진행하고 있는 것으로
알고 있는데, 이런 교육들이

전국적으로도 더 확대되어야 한다고 생각해요.

지혜 대학 시절, 과제로 어느 복지관의
언어재활사 선생님을 인터뷰한 적이 있
어요. 그때 제가 "지적장애 아동의 언어
특성이 무엇인가요?"라고 여쭤봤는데,
10년 넘게 근무하신 분임에도 명확한 답
을 주지 않으셔서 당시에는 좀 의아해했
어요. 그런데 지금은 그 이유를 너무 잘
알겠더라고요. 장애 유형에 따라 정해진 해답이 있는 게 아니었던
거죠. 지도교수님께서도 "AAC는 정형화된 형태로 제공되는 것이
아니라, 사용자가 조절하고 세팅을 바꿔가며 맞춰갈 수 있어야 한
다"고 하셨는데, 그 말이 현장에서 더 절실하게 와닿습니다. 대상
자마다 인지·감각·선호·환경이 모두 다르기 때문에 AAC 중재는
새롭게 재조정하는 작업이 필요하거든요.

특히 AAC 중재는 이론과 실제의 간극이 정말 큰 것 같아요. 개
별 대상자에게 딱 맞는 customized 방법을 찾아가는 과정이 필수적이
거든요. 언어재활사로 8년째 일하고 있지만 저 역시 새로운 케이
스를 만나거나 기존 방식이 전혀 통하지 않을 때는 여전히 동료들
에게 조언을 구하게 돼요. 그래서 치료 사례를 공유하는 워크숍이
정기적으로 이루어지면 좋겠다는 생각을 합니다. 나아가 감각통합

이나 물리치료 등의 다른 분야 전문가들과 협업할 수 있는 네트워크가 구축되면 더 좋을 것 같아요. 경험상 AAC 중재의 어려움 중 많은 부분이 감각·운동·주의 조절 등의 문제와 맞닿아 있고, 그건 언어재활사의 관점만으로는 해결되기 어려운 부분이죠. 다양한 분야의 전문가들이 함께 고민할 수 있는 환경이 치료 역량을 키우는 데 큰 힘이 될 거라고 생각해요.

백수진 일단은 언어재활사 스스로 AAC를 직접 많이 써봐야 된다고 생각해요. 매뉴얼을 보고 사례를 접하는 것도 물론 도움이 되지만 실제로 현장에서 사용해 보면 책으로는 알 수 없었던 어려움들이 꼭 드러나거든요. 그래서 일상생활에서 직접 사용해 보면서 부족한 부분을 미리 발견하고 준비해야 해요. 아주 기본적으로는 기기에 대한 숙련도를 높이는 일도 필요하다고 생각하고요. 치료 중에 갑자기 기기가 오작동을 하거나 계정에 오류가 생겼을 때 당황하지 않고 대응할 수 있어야 하고, 집에서도 AAC를 사용할 수 있도록 보호자에게 정확하게 사용법을 안내해 드릴 수 있어야 하니까요.

　저는 원래 신경계나 음성, 조음 쪽에 관심이 많아서 그 분야 위주로 공부를 많이 해 왔습니다. 임상 초반에는

책에서 배운 내용과 실제 현장이 너무 다르다고 느껴서 사례 영상을 정말 많이 봤어요. 현장에서 대상자가 하는 말을 녹음해 두었다가 집에 와서 다시 들으면서 하나하나 전사를 해보기도 했고요. 발음이 좋지 않아서 잘 안 들리는 부분도 들리는 그대로 적어 보면서 익숙해지려고 했어요. 그러다 보면 반복되는 발음 패턴이 조금씩 보이기 시작하고 어느 순간부터 말이 들리기 시작하더라고요. 우리도 내가 하는 말을 다른 사람이 못 알아들으면 상처받고 주눅 들잖아요. 의사소통에 어려움이 있는 분들은 그런 경험을 훨씬 더 일상적으로 할 수밖에 없고요. 그래서 누군가 자기 말을 알아들어 준다는 경험 자체가 그분들에게는 굉장히 큰 용기로 이어져요. 그러니까 AAC를 쓰든 쓰지 않든 대상자의 마음을 읽어내기 위해서 언어재활사로서 내가 어떤 노력을 해야 할지를 계속 고민해야 한다고 생각합니다.

Q. 우리 사회의 AAC 환경이 개선되기 위해서는 어떤 제도적 지원과 노력이 필요하다고 보시나요?

김지연 가정·학교·지역사회가 함께 연결되는 연계 체제를 만드는 것이 가장 이상적이겠죠. 실제 일상생활 반경에서 자연스럽게 AAC를 쓰고 배울 수 있는 환경이 만들어져야 AAC가 치료실 안에서만 사용하는 기술이 아니라 보편적인 의사소통 도구로 자리 잡을 수 있을 것입니다. 그렇다고 물리적으로 기기만 보급하는 방식을 말하는 것은 아니고요. 사회 전반에 걸쳐 AAC에 대한 이해를 높이는 방향으로 노력하면 좋을 것 같아요. 이를테면 다양한 곳에서, 다양한 사람들을 대상으로 하는 AAC 교육이 확산되면 어떨까 싶어요. 활동지원사나 보호자를 대상으로 하는 AAC 교육도 있을 수 있고, 병원이나 요양원에서 일하시는 분들을 위한 교육도 있을 수 있겠죠. 공공기관에 근무하시는 분들이나 일반 학교의 학생들과 교사들을 대상으로 AAC 교육을 진행할 수도 있을 거예요. 물론 AAC 전문가 양성을 위한 전문 연수도 체계적으로 지원되어야 하고요.

전경해 AAC 중재가 일반화되기 위해서는 보호자의 적극적인 협조가 반드시 필요합니다. 현실적으로 언어재활사가 대상자를 데리고 매번 외부로 동행할 수는 없으니까요. 그래서 보호자 교육 또한 강조하게 되는데요. 문제는 많은 보호자분들이 이미 경제적·신체적·정서적으로 큰 부담을 지고 있다는 점이에요. 기본적인 일상 케어만으로도 버거운 상황이다 보니 AAC 훈련까지 신경 쓸 여력이 없어요. 그래서 보호자의 부담을 줄이면서도 보호자가 AAC 중재에 자연스럽게 참여할 수 있도록 돕는 지원 체계가 반드시 마련되어야 한다고 생각합니다.

현재 AAC 중재를 보장하는 바우처 제도가 사실상 존재하지 않아요. 그래서 AAC가 꼭 필요한 분들도 적절한 시기에 중재를 받지 못하시거나, 하다가 중단하시는 경우가 많아요. 보호자에게도 부담이 되지 않고, 중재도 꾸준히 제공되려면 바우처나 의사소통장애인 지원 체계 안에 AAC 교육이 필수적으로 포함되어야 한다고 봅니다. 누군가에게는 AAC가 평생 사용해야 할 또 하나의 언어이니까요.

지혜　저는 학교와의 연계 체계가 구축되었으면 좋겠어요. 현실적으로 사설 센터에서 치료하던 아이의 학교생활을 직접 관찰하기 위해 학교 선생님과 협력 관계를 만드는 일이 쉽지 않거든요. 그래서 특수학교만이라도 전담 언어재활사가 상주했으면 좋겠다는 바람이 있어요. 의사소통에 어려움을 겪는 아동의 경우는 더 세심하게 주의를 기울여야 하는 데다 교육과 치료가 유기적으로 연결된 형태로 제공되어야 하거든요. 해외에서는 개인별 AAC 데이터를 지속적으로 기록하고 관리해서 다음 단계로 자연스럽게 연계하는 시스템이 있다고 들었습니다. 반면 국내에서는 공간이 바뀌거나 시간이 지나면 지원 체계가 끊어지기 쉬운 구조예요. 그래서 AAC 정보가 지속적으로 누적되고 치료와 교육의 연속성이 보장되는 시스템이 마련된다면 큰 도움이 될 것 같아요.

　　제도적으로 AAC를 접할 수 있는 공간도 더 많이 만들어지면 좋겠어요. 공간에 단순히 기기를 보급하는 것뿐만 아니라, 그 기기를 사용할 수 있도록 안내하고 관리하는 시스템까지가 포함되어야 겠죠. 예를 들면 병원 평가나 공공기관의 운영 지침 안에 'AAC 접근성을 위한 기본적인 기기를 비치해야 한다'는 항목이 포함된다면 일상 속에서 AAC를 적용하고 시도해 볼 수 있는 기회가 훨씬 많아지지 않을까요?

백수진 일단은 AAC가 소아 발달치료 과정 전반에서 필수적으로 다뤄지면 좋겠어요. 치료사와 보호자 모두가 AAC를 정확히 알고, 대상자의 상태에 맞는 AAC를 조기에 접할 수 있다면 훨씬 자연스럽게 자리 잡을 수 있을 것 같거든요. 그런데 지금은 너무 제로 베이스에서 시작해 단번에 높은 목표를 기대하다 보니 사이사이 중간 과정이 생략되는 경우가 많아 안타까워요.

장애 등록을 하거나 바우처를 신청할 때, PC 교육처럼 AAC 교육을 필수로 한 번은 받을 수 있으면 좋겠다는 생각이 들어요. 특히 보호자 대상의 AAC 교육이 더 자주, 더 체계적으로 이루어졌으면 해요. AAC는 치료실보다 일상에서 많이 쓰일수록 의미가 커지는 도구잖아요. 그러려면 가장 자주 대화를 나누는 보호자가 AAC를 잘 알고, 어느 정도는 익숙하게 다룰 수 있어야 한다고 생각해요. 그런데 여전히 AAC를 치료실에서만 쓰는 도구, 혹은 장애 당사자만 쓰는 도구로 인식하는 보호자분들이 많아요. 그러다 보니 조작이 조금만 어려워도 모르겠다며 포기하거나 언어재활사에게 전적으로 의존하는 경우가 적지 않고요. 보호자들이 AAC 중재에 좀 더 주체적으로 참여할 수 있도록 지역사회 안에서 자연스럽게 배울 수 있는 환경이 필요합니다.

Q. AAC가 또 하나의 언어로 자리 잡기 위해 우리 모두가 이어가야 할 노력은 무엇일까요?

김지연 아무래도 저희는 장애가 있는 분들과 많은 시간을 보내다 보니 비장애인들이 장애를 바라보는 시선에 민감해지게 되는데요. 많은 경우, 말을 못 하면 표현을 못 한다고, 나아가 의견이나 생각 자체가 없을 거라고 단정하고 무시하거나 대신 결정해 버리곤 하는 것 같아요. 하지만 의사소통장애인도 때로는 기뻐하고 즐거워하고 때로는 슬퍼하고 분노하는 똑같은 사람이에요. 눈짓이나 작은 움직임만으로도 충분히 의도를 표현할 수도 있고요. 이 당연한 사실을 외면하지 않았으면 좋겠습니다.

그런 의미에서 저는 의사소통장애인을 대할 때 무조건 대신 해 주려고만 하지 않았으면 좋겠어요. 관심과 배려는 필요하지만, 생각이나 표현을 못 할 거라고 단정하고 대신 해 주는 태도는 또 다른 방식의 배제일 수 있으니까요. AAC도 마찬가지예요. 느리고 서툴다는 이유로 표현할 기회를 주지 않는다면 아무리 좋은 기기나 치료도 의미를 잃게 됩니다. 우리가 말을 걸기 위해 하는 노력보다 그분들은 우리와 소통하기 위해 더 큰 노력을 하고 있다는 걸 알아주셨으면 해요. 누구에게나 할 말은 있어요. 그걸 어떤 방식으로든 표현할 수 있고요.

전경해 제가 실어증이 있는 성인 대상자들도 중재를 진행하곤 하는데요. 제가 봤을 때는 이분이 스마트폰이나 태블릿을 들고 다니면서 하이테크 AAC로 능숙하게 의사소통하실 수 있을 것 같거든요. 그런데 대상자 본인은 주변 사람들의 시선을 걱정하세요. '겉으로 보기에는 멀쩡해 보이는데 갑자기 기기를 꺼내서 의사소통을 하면 상대가 이상하게 생각하지 않을까, 불편해하지 않을까'라는 두려움이 크신 거죠. 그 상황이 너무 안타깝더라고요.

결국 AAC에 대한 사회적 인식이 더 개선되어야 한다고 생각합니다. NC문화재단이나 공공기관에서 꾸준히 인식 개선 활동을 해오고 있지만, 여전히 많은 사람들이 AAC를 특별하거나 낯선 기술 정도로 바라보는 것 같아요. 사실은 그냥 여러 소통 방식 중 하나일 뿐인데요. 우리 사회가 빠르게 고령화되고 있다는 이야기를 많이 하잖아요. 사실 누구나 나이가 들면 AAC가 필요한 사람이 될 수 있습니다. 갑자기 뇌졸중이나 퇴행성 질환이 생겨서 예기치 않게 의사소통의 어려움을 겪게 되는 경우도 있고요. 그런 의미에서 AAC 사용자들이 당당해질 수 있는 사회가 되면 좋겠어요.

지혜　AAC 중재의 가장 큰 목표는 당연히 일반화일 거예요. AAC 가 대상자의 실제 삶과 자연스럽게 연결이 되는 것이 무엇보다 중 요할 테니까요. 하지만 특수학교 정도를 제외하고 현실적인 사용 환경을 떠올려보면 사실 좀 막막해지곤 해요. 병원이나 관공서만 이라도 AAC를 사용할 수 있는 기반이 갖춰져야 하는데, 지금은 그 런 접근성이 매우 부족하거든요. 그러다 보니 AAC가 무엇인지, AAC를 사용하는 사람이 있다는 사실조차 모르는 분들이 많고요.

그런데 이건 AAC나 의사소통장애인에만 국한되는 문제는 아 닌 것 같아요. 우리 사회는 여전히 장애에 대해서 폐쇄적이라고 생 각해요. 흔히 장애인과 비장애인이 함께 살아가야 한다고들 말하 지만 서로 같은 공간에서 부딪치며 생활할 일이 없어요. 그만큼 사 회 제반 시설이나 시스템의 접근성이 떨어지기 때문이겠죠. 비장 애인의 입장에서는 보이지 않으니 상상하기 어렵고, 잘 모르니까 낯설게 느껴지고요. 장애에 대해 조금 더 열린 마음을 가진다면 AAC도 자연스럽게 받아들일 수 있을 거예요.

백수진　저는 의사소통을 조금 더 넓은 개념으로 바라볼 필요가 있 다고 생각해요. 말로 의사를 표현하는 게 당연한 사람들은 흔히 말 하기가 곧 의사표현이라고 여기잖아요. 그래서 눈빛이나 제스처, 표정처럼 말 이외의 요소들은 그저 보조적인 것이라고 생각하기 쉽고요. 하지만 어떤 사람들에게는 그런 보조적인 요소들이 의사

표현의 유일한 수단이 되기도 한다는 걸 잊지 말아야 합니다.

그런 맥락에서 저는 AAC를 결국 누가 배워야 하는지에 대한 고민이 있어요. AAC가 또 하나의 언어라면 의사소통장애인 당사자만 그 언어를 배우면 되는 걸까요? 언어는 쓰는 사람만 있다고 통하는 게 아니잖아요. 그 언어를 받아들이고, 이해하고, 응답하는 사람들이 있어야 소통이 되죠. 그런데 지금 우리는 의사소통장애인에게만 새로운 언어를 배우라고 요구하고 있는 건 아닐까요?

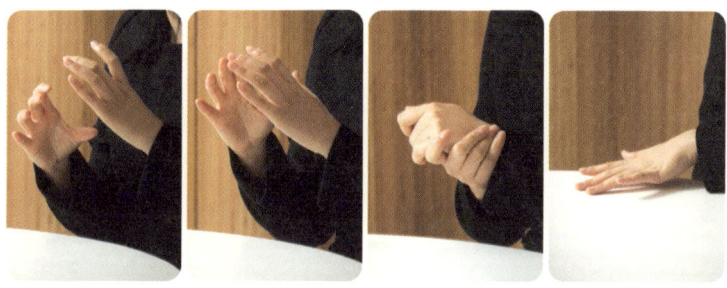

Q. 선생님이 생각하는 AAC의 의미는 무엇인가요?

김지연　AAC가 대단히 특별한 의미를 가지지는 않는다고 생각해요. 그저 소통을 위한 도구일 뿐이죠. 다만 그것이 누군가에게는 굉장히 절실한 도구일 수도 있다는 것을 많은 사람들이 이해하면 좋겠습니다.

전경해 한국에서는 한국어를 쓰잖아요. 다른 나라 사람들은 영어, 독일어, 일본어 같은 그 나라의 언어를 쓰고요. 각각의 언어가 있는 것처럼 AAC도 그냥 또 하나의 언어라고 생각해요. 의사소통은 인간에게 가장 기본적인 권리이고 기본적인 삶을 유지하는 데 반드시 필요한 요소잖아요. 언어가 그 기본권을 보장하기 위한 도구라면, AAC도 누군가에게는 인간다운 삶을 가능하게 하는 또 하나의 언어가 될 수 있어요. AAC라는 언어가 꼭 필요한 사람들이 있다면, 그걸 잘 사용할 수 있도록 돕는 게 언어재활사인 제 역할이겠죠.

지혜 우리도 말이 잘 통하지 않는 상황에서 표정이나 손짓, 그림 같은 걸 자연스럽게 사용하잖아요. 사고나 질병으로 갑자기 말을 못 하게 되면 의사를 전달하기 위한 다른 방법을 찾게 될 거고요. 그 모든 것이 다 AAC잖아요. 그러니 말보다 훨씬 넓은 의미의 의사소통 체계라고 볼 수 있죠. AAC는 정해진 방식이 있는 언어가 아닙니다. 어떤 사람에게는 사진 한 장이 될 수도 있고 어떤 사람에게는 동작이 될 수도 있죠. 또 어떤 사람에게는 시선이 중요한 표현 방식일 수도 있고요. 그 사람만이 표현할 수 있는 최대한의 방법을 찾아서 소통의 언어로 만드는 과정까지가 AAC의 의미라고 생각합니다.

백수진 AAC의 의미는 결국 대화에 있다고 생각해요. 그런 맥락에서 대화의 본질에 대해 다시 한번 생각해 볼 필요가 있는 것 같아요. 우리는 흔히 대화를 '목소리로 말을 주고받는 일'이라고만 생각해 왔던 것 같아요. 가령 수어로 대화하는 사람을 보면 그들이 '대화를 하고 있다'고 인식하기보다 먼저 '수어를 하고 있다'고 생각하곤 하잖아요. AAC를 하나의 대화 언어로 받아들이지 못하는 것도 비슷한 이유일 거라고 봅니다.

말을 한다고 해서 언제나 대화가 이루어지는 건 아니잖아요. 말을 해도 서로 통하지 않을 수 있고, 전혀 이해하지 못한 채 지나가는 경우도 많고요. 반대로 말이 없어도 눈빛이나 표정만으로 마음이 전해지는 순간들도 분명히 있죠. 그저 입만 보고 살지 않았으면 좋겠어요. 우리에게는 대화를 위한 수많은 도구들이 있고 AAC도 그중 하나라는 걸 자연스럽게 받아들일 수 있었으면 합니다.

Q. 앞으로 이루고 싶은 AAC 관련 목표나 '누구나 소통할 권리'를 위해 계속하고 싶은 일이 있다면 무엇인가요?

김지연 저는 아직 언어재활사로 일한 지 오래되지 않아서 거창한 목표나 계획이 있는 건 아닙니다. 대신 이 일을 시작할 때 지도교수님이 해 주셨던 말을 늘 마음에 두고 일하려고 해요. 의사소통은 그 자체로 즐거운 일이고, 치료사가 해 주는 모델링이나 언어 자극은 당장은 결과가 잘 안 보이더라도 결국엔 분명 도움이 된다는 말이었어요. 내가 하는 치료가 정말 의미가 있나, 흔들릴 때마다 그 말을 떠올리면서 버티고 있어요.

저는 저를 만나러 오는 대상자들이 치료 시간만큼은 편안하고 즐거웠으면 좋겠어요. 그런데 이 일이 생각보다 에너지를 많이 쓰는 일이라 짧은 시간 동안 반응 하나하나에 다 집중하다 보면 쉽게 지쳐요. 한동안은 보호자분들의 감정에까지 마음을 쏟다 보니 제 마음도 너무 소진되더라고요. 퇴근 후에도 감정이 계속 남아서 잘 회복되지 않을 만큼요. 지금은 저의 몸과 마음부터 건강하게 챙기려고 노력하고 있어요. 그래야 저를 믿고 오는 대상자들과도 즐겁고 행복한 시간을 오래 만들어 갈 수 있을 테니까요.

전경해 기회가 된다면 실어증이나 후천적 뇌손상으로 언어문제를 겪게 된 성인 대상자들에게 AAC를 적용하는 연구를 해보고 싶어요. 누구나 어떤 시점에는 AAC를 사용할 수 있어야 한다고 생각하거든요. 어느 날 내가 갑자기 말을 못 하게 되는 상황에 처할 수도 있고 내 이웃이나 가족이 그런 어려움을 겪게 될 수도 있는 거니까요. 그럴 때 모두가 당연하게 AAC를 활용해서 의사소통을 할 수 있다면 얼마나 좋을까요.

좀 더 장기적으로는 가능한 한 오래, 그리고 계속 배우면서 일하는 언어재활사로 남는 것이 목표예요. 일을 할 때 고민이 되는 주제나 내용이 있으면 관련된 교육을 계속 찾아 듣는 편이에요. 최근에는 문제행동 중재나 감각통합, 보호자 상담에 대한 교육들을 틈틈이 찾아 듣고 있고요. 얼마 전에도 여러 가지 문제행동을 지닌 대상자를 만나 고민이 많았는데 관련 교육을 듣고 중재 전략을 다시 적용하니 효과가 훨씬 좋았어요. 인지학습치료사 자격증도 취득했고 언어와 인지가 얼마나 밀접하게 연결되어 있는지도 공부하고 있어요. 요즘은 대상자들에게 수의 개념과 간단한 산수를 이해시킬 수 있는 방법을 고민하고 있어요. 제가 담당하고 있는 대상자들 중에 학령기 아이들도 있는데 그 친구들은 언어뿐 아니라 기초수 개념에서도 어려움을 겪는 경우가 많거든요. 고령화가 가속화될수록 우리 사회에서 AAC의 중요성도 커질 것이라는 생각도 하고 있어요. 사회적 변화와 새로운 연구 흐름에 뒤처지지 않고 꾸준

히 공부하며 성장하는 언어재활사가 되고 싶습니다.

지혜 대상자가 의사소통의 즐거움을 알아가는 순간순간이 저에게는 기쁨이에요. 말 한마디 못 하던 대상자가 수다쟁이가 되어 중재를 종결할 때나, 보호자분이 고마움을 전해주실 때 큰 보람을 느끼죠. 하지만 그런 변화는 언어재활사로서 제가 응당 해야 할 일을 한 결과라고 생각해요. 오히려 이 일을 통해서 제가 저 자신을 알아가고 확장해 가고 있다는 걸 느낄 때가 더 특별한 것 같아요. 이 일을 선택하지 않았다면 만나지 못했을 많은 사람들과 함께 고민하고 한계를 넘으려 할 때마다, 그 안에 선명히 새겨지는 자신을 마주하게 돼요. 그럴 때 이 일을 선택하길 잘했다는 확신이 들죠.

임상도 즐겁고 보람되지만, AAC 환경 자체를 개선하는 일에도 관심이 높아요. 아직 국내에는 AAC를 체계적으로 배우고 훈련할 수 있는 시스템이 충분하지 않다고 봅니다. 그래서 기회가 된다면 부모교육, 특강, 실무 워크숍 같은 다양한 교육 프로그램을 제공해서 더 많은 분들이 AAC를 올바르게 이해하고 활용할 수 있도록 돕고 싶어요.

백수진 좋은 언어재활사가 많아지기 위해서는 결국 좋은 지도자와 동료가 함께하는 환경이 필요하다고 생각해요. 막 현장에 나온 선생님들에게는 치료 방법을 찾는 것부터 보호자 상담을 이끌어가는 일까지, 모든 과정이 낯설고 어렵게 느껴질 수밖에 없거든요. 그런데 막상 그런 고민을 털어놓고 조언을 구할 수 있는 곳은 생각보다 많지 않습니다. 저 역시 이 일을 계속해야 할지, 그만둬야 할지 고민할 정도로 힘든 시간을 보낸 적이 있어서 그 막막함을 누구보다 잘 이해하거든요. 그래서 저는 언어재활사들이 고민을 함께 나누고 중재 사례를 공유하면서 자연스럽게 연결될 수 있는 환경을 만드는 일에 관심이 있어요. 진짜 좋은 치료사로 성장할 수 있도록 말이죠. 그런 네트워크가 만들어진다면, 저를 포함해 더 많은 언어재활사들이 이 일을 조금 더 안정적으로 오래 이어갈 수 있지 않을까요?

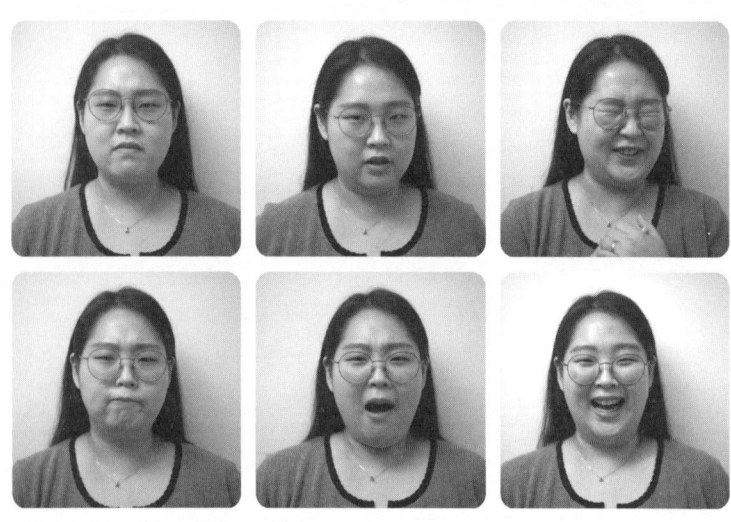

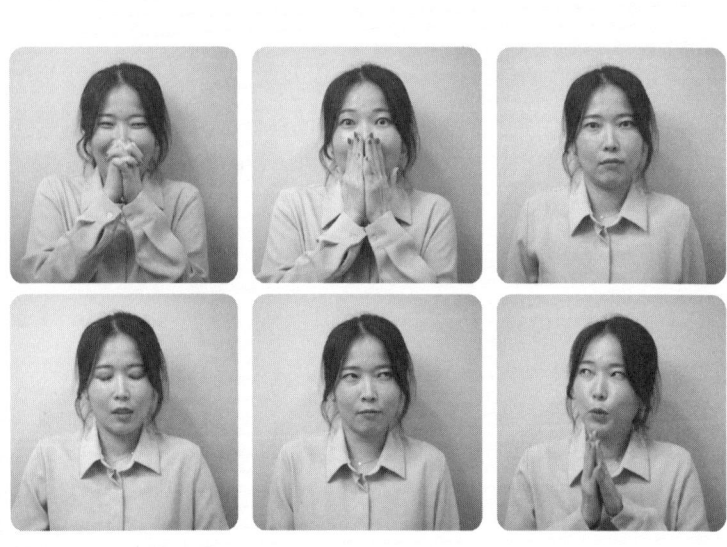

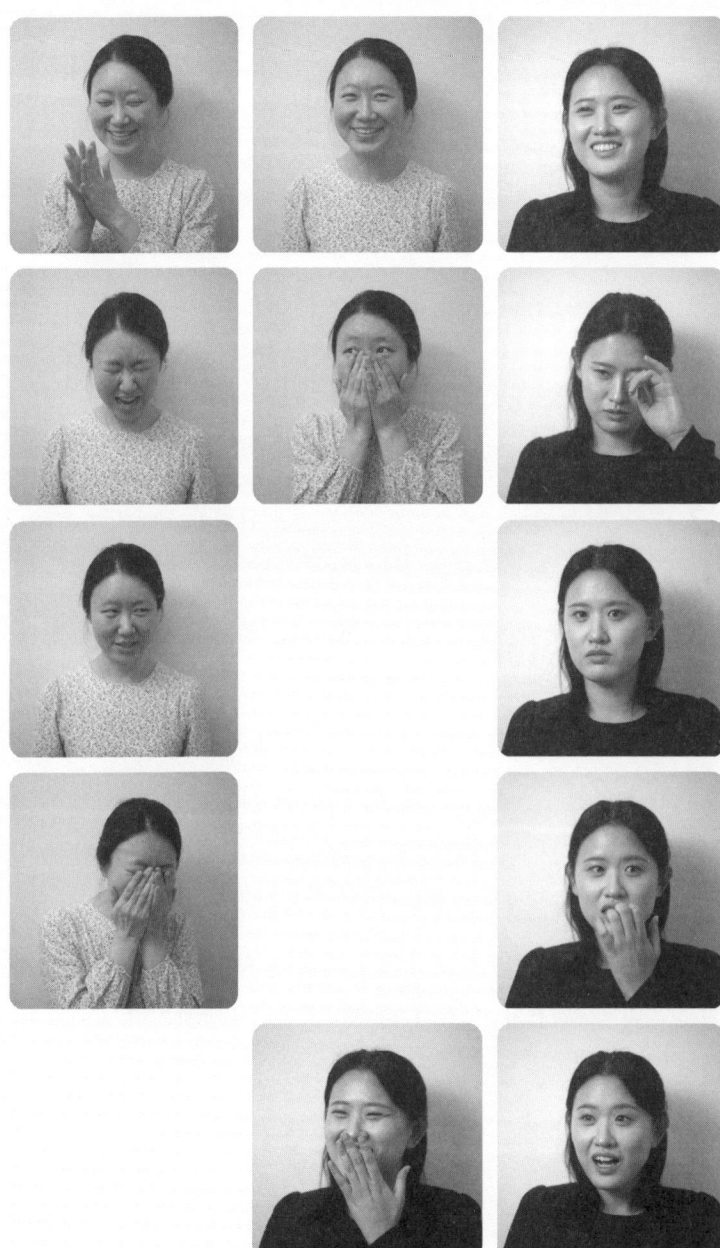

나의AAC를
만드는
사람들

    과학 기술의 발전은 AAC의 가능성을 빠르게 확장하고 있다. 시선추적 장치, 터치 스크린, 뇌신경 신호를 감지하는 인터페이스, 음성출력 장치 등 여러 기술이 AAC와 결합해 제한된 신체 기능을 보완하고 대체하는 데 그치지 않고 새로운 의사소통 방식을 제안하고 있다. 이로써 더 다양한 장애 유형의 사용자들이 자신에게 맞는 방식의 AAC에 접근하고 활용할 수 있는 환경이 마련된 것이다. 그러나 이와 같은 하이테크 AAC는 개인이 해당 기기를 쉽게 구하거나 이용할 수 없어 실제 사용으로 이어지지 못하거나 기기가 있어도 사후 관리가 제대로 이루어지지 않아 지속적으로 이용하지 못하는 경우가 많다.

AAC 애플리케이션은 하이테크 AAC가 지닌 접근성의 한계를 크게 보완한다. 스마트폰이나 태블릿PC와 같은 개인 스마트 기기에서 모바일 앱 스토어를 통해 누구나 쉽게 다운로드하고 바로 사용할 수 있기 때문이다. 업데이트를 통해 지속적으로 기능과 오류를 개선할 수도 있다. 말하자면 언제 어디서나 사용할 수 있고, 누구든지 비교적 짧은 시간 내에 적응할 수 있는 AAC인 셈이다. 그렇다면 보편적 접근성을 갖춘 AAC 앱을 통해 우리 사회의 AAC 환경을 더욱 포괄적이고 유연하게 개선할 수 있지 않을까.

보편적 접근성을 갖춘 AAC 앱을 만들기 위해서는 기술적 요소뿐 아니라 의사소통 환경 전반을 함께 고려해야 한다. 사용자의 다양한 신체·인지적 조건을 고려해 설계해야 하는 것은 물론이며 각각의 사용 환경에 맞도록 접근성과 편의성을 확보해야 한다. 예컨대 버튼 크기, 배열, 반응 속도와 같은 세부 요소부터 음성출력 방식, 개별화customization 기능까지도 개별 사용자의 조건에 맞게 조정할 수 있어야 한다. 변화하는 의사소통 환경에 맞춰 앱을 지속적으로 업데이트하고 보완해야 하며 가족과 교사, 치료사 등의 주변인이 함께 사용할 수 있도록 돕는 사용자 교육도 이루어져야 한다. AAC 앱과 AAC 기반 의사소통에 대한 사회적 인식을 개선하기 위한 노력도 병행되어야 한다. 결국 AAC 앱을 개발하는 과정은 단순한 기술 구현을 넘어, AAC 소통이 안정적으로 이루어질 수 있는 환경을 구축하는 일과 맞닿아 있다.

2014년에 처음 출시된 보완대체의사소통 앱 **나의AAC**는 2024년 3월, 보편적 접근성을 갖춘 AAC 앱을 목표로 전면 개편되었다. 단순히 기능을 추가하거나 인터페이스를 수정하는 수준을 넘어 '누구나 쉽게 사용할 수 있는 AAC 앱'으로 거듭나기 위해 서비스의 구조와 방향을 재정비한 것이다. **나의AAC** 개편에 참여한 개발자와 기획자들을 만나, 보편적 접근성을 갖춘 AAC 앱을 만드는 과정에 대해 들어보았다. 그들은 기술이 사람과 사람 사이를 연결하기 위해 무엇을 고려해야 하는지, 그 과정에서 어떤 선택과 고민이 필요한지에 대해 각자의 자리에서 고민했다. 현장의 요구는 첨예했고, 기술적 과제에는 정답이 없었기에 앱을 만드는 과정은 조율의 연속이었다.

—NC문화재단 포용기술사업팀 노유란, 이예경 인터뷰—

보완대체의사소통 앱 **나의AAC**는 누구나 쉽게 사용할 수 있는 보편적 AAC를 지향한다. "누구나 쉽게"라는 슬로건은 흡사 관행적으로 호출되는 수식처럼 보이지만 가만히 들여다보면 그것이 얼마나 까다로운 과제를 내포하고 있는지를 알 수 있다. 앱에 '누구나 쉽게' 접근할 수 있기 위해서는 특정 장애 유형이나 연령대에 사용성이 제한되지 않아야 하며 경제적 부담 또한 최소화되어야 한다. 동시에 복잡한 학습 과정 없이도 직관적으로 사용할 수 있을 만큼 조작이 간편해야 하며 처음 접하는 사람에게도 거부감을 주지 않는 디자인과 인터페이스를 갖춰야 한다. 이러한 과제는 기술적 차원에만 머물지 않는다. AAC는 태생적으로 사람과 사람 사이의 관계

누구나, 어디서나, 쉽고 편리한 의사소통, 나의AAC

속에서 작동하는 도구이기 때문이다. 우리 사회가 AAC 앱을 사용하는 사람들을 자연스럽게 바라보고 이를 일상의 언어로 받아들일 때, AAC 앱은 비로소 누구나 쉽게 꺼내 쓸 수 있는 소통의 언어가 될 수 있다.

　나의AAC를 '누구나 쉽게' 사용할 수 있는 보편적 AAC 앱으로 만들기 위해 노력하고 있는 두 명의 기획자, 노유란과 이예경을 만났다. 그들은 개편 과정 전반에서 기술과 현장, 기능과 맥락을 잇는 역할을 맡아왔다. 무엇을 만들고 어떤 기능을 더할 것인지보다 누구와 어떻게 연결할 것인지를 먼저 질문했다. 고민은 앱의 개편 방향을 넘어 AAC 소통 환경을 개선하는 일로 이어졌다. 그들의 시선은 기술이 아니라 사람을 향하고 있었다.

Q. 나는 어떤 사람인가요?

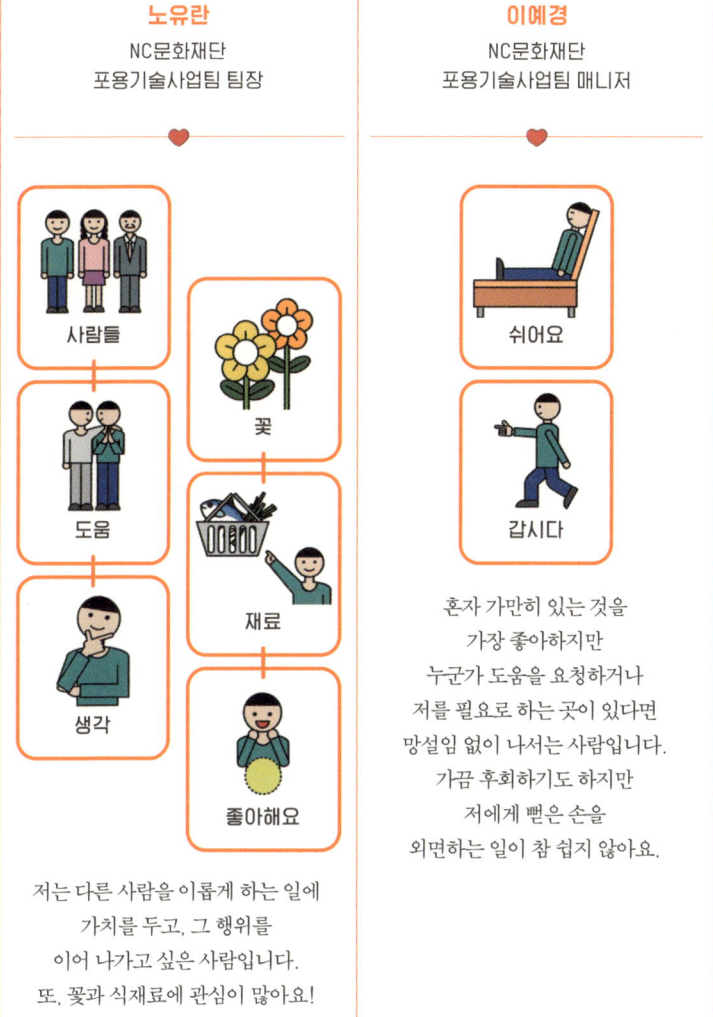

노유란

NC문화재단
포용기술사업팀 팀장

이예경

NC문화재단
포용기술사업팀 매니저

사람들

꽃

도움

재료

생각

좋아해요

쉬어요

갑시다

저는 다른 사람을 이롭게 하는 일에
가치를 두고, 그 행위를
이어 나가고 싶은 사람입니다.
또, 꽃과 식재료에 관심이 많아요!

혼자 가만히 있는 것을
가장 좋아하지만
누군가 도움을 요청하거나
저를 필요로 하는 곳이 있다면
망설임 없이 나서는 사람입니다.
가끔 후회하기도 하지만
저에게 뻗은 손을
외면하는 일이 참 쉽지 않아요.

Q. **나의AAC 개편 과정에서 맡은 역할과 주요 업무에 대해 먼저 소개해 주세요.**

노유란 저는 2021년에 NC문화재단에 합류해 AAC 사업과 AI 윤리 사업을 함께 운영하고 있습니다. 그 전에는 UN 국제이주기구(IOM) 한국대표부에서 약 5년 5개월 동안 근무하며 개발도상국 지역 개발과 이주노동자 권리 증진을 위한 민관 파트너십 관리 및 프로젝트 지원 업무를 맡았고요. 사실 NC문화재단에 지원하기 전까지는 'AAC'라는 용어조차 익숙하지 않았습니다. 입사를 준비하면서 AAC를 접하고 공부하게 된 케이스였어요. AAC 분야의 업무를 맡은 것도 이번이 처음이었습니다.

초기에는 당연히 전문적인 지식이 많이 부족했어요. 하지만 팀에 합류한 이후 앱 개편과 사업 운영을 준비하며 집약적으로 AAC에 대한 이해를 쌓아 나갔습니다. 다행히 기존 팀에서 AAC 관련 연구를 하신 교수님들과 현장 전문가들을 대상으로 한 인터뷰 자료들을 축적해 두었기 때문에 이 내용이 큰 도움이 되었죠.

팀에 합류한 이후에는 사업 매니저들과 함께 새롭게 개편될 앱서비스의 방향성을 설정했습니다. 앱이 실제로 필요한 분들에게 효과적으로 전달될 수 있도록 홍보와 교육을 포함한 사업 전략도 설계했죠. 그 과정에서 현장 방문, 문헌 조사, 전문가 인터뷰를 새롭게 진행하며 AAC가 실제로 사용되는 환경과 맥락을 다각도로

(좌)이예경, (우) 노유란

파악했어요. 현장의 교사와 보호자들과 지속적으로 소통하며 앱 활용을 지원하는 전반적인 과정을 관리하고 조율하는 역할을 맡았습니다.

이예경 저는 현재 NC문화재단 포용기술사업팀 매니저로 근무하고 있어요. 재단에서 일한 지는 3년 정도 되었고요. 그 전에는 신문사의 IT 서비스를 기획하고 운영하는 일을 했어요. 디지털 환경에서 사용자 경험을 설계하고 서비스를 운영했던 경험이 지금 업무와도 자연스럽게 이어지고 있는 것 같습니다.

저도 재단에 입사하기 전까지는 AAC에 대해 거의 알지 못했어요. AAC 사업에 참여하게 된 이후, AAC를 사용하는 장애 당사자들의 모습을 영상을 통해 접하면서 비로소 AAC가 무엇인지, 그리고 왜 이 기술이 필요한지를 실감하게 됐어요. 그때 처음으로 AAC가 누군가에게는 선택지가 아니라 가장 중요한 언어일 수 있겠다는 생각을 하게 됐죠.

지금은 AAC가 필요한 분들이 AAC와 **나의AAC**를 잘 이해하고 활용하실 수 있도록 돕는 업무를 하고 있습니다. '**나의AAC** 언어치료 지원 프로그램'과 '찾아가는 AAC 교육'의 기획과 운영을 맡고 있고요. 개편 과정에서는 사전 비공개 테스트(CBT)를 담당해 실제 사용자 관점에서 기능과 사용성을 점검하고 피드백을 수집하는 역할을 했습니다.

Q. 개편 과정에서 가장 중점적으로 고려한 목표나 문제의식은 무엇이었나요?

노유란 제가 재단에 합류하던 시점이 마침 기존 **나의AAC** 앱을 전면적으로 개편하기 위한 준비를 본격화하던 때였어요. 당시 **나의 AAC**는 전반적인 유지 관리와 고도화가 필요한 상황이었습니다. 일부 기능에는 개선이 필요했고, 서비스 전반의 업데이트 주기도 다소 정체되어 있었죠. 자연스럽게 사용자 경험 측면에서도 아쉬움이 남는 지점들이 보였습니다. 그래서 새로 개편될 **나의AAC**는 살아 있는 앱, 즉 사용자와 함께 계속 발전해 나가는 서비스가 되어야 한다고 생각했어요.

여러 개선 과제가 있었지만, 그중에서도 가장 중요하게 생각한 키워드는 단연 '사용성'이었어요. 아무리 좋은 기능을 갖춘 앱이라도 사용하기 어렵다면 결국 아무도 쓰지 않을 테니까요. 그래서 '누구나 쉽게 사용할 수 있는 AAC'라는 원칙을 가장 중심에 두고 개편 작업을 진행했습니다. 장애 당사자뿐 아니라 언어재활사와 보호자처럼 함께 사용하는 중재자들까지 모두가 필요할 때 유용하게 쓸 수 있는 앱을 만드는 것이 목표였어요.

이예경 개인적으로 중요하게 생각했던 건 비장애인인 제가 의사소통장애인이 주로 사용하는 앱을 만든다는 사실을 계속 의식하는 일이었어요. 제가 경험해 보지 못한 감각, 미처 생각지도 못한 환경과 상황들이 존재한다는 걸 스스로에게 계속 상기시키려고 했죠. 비장애인의 관점으로 쉽게 예측하고 판단하면 안 되니까요. 기획자의 상상이나 추측에 의한 개발을 최대한 방지하려고 노력했습니다.

그래서 사전 환경 조사와 사용자 테스트를 진행하는 과정에서 최대한 사용자 입장에서 생각하려고 했어요. 실제 사용 장면을 직접 보면서 '아, 이게 이렇게 쓸 수 있구나' 하고 실질적으로 이해하는 게 중요했죠. 사용자와 현장의 의견을 듣는 데서 그치지 않고 그 의견이 제대로 반영됐는지를 확인하는 과정도 계속 거쳤습니다. 만드는 사람의 입장이 아니라 사용자의 입장에서 이 앱이 정말 쓰기 쉬운지를 끊임없이 묻고 점검하려고 노력했던 것 같아요.

Q. 접근성과 사용성 측면에서 개편을 통해 실제로 달라진 기능은 무엇인가요?

노유란 개편의 방향은 크게 두 갈래였습니다. 하나는 기존에 필수적으로 탑재된 기능들을 더 쉽고 직관적으로 사용할 수 있도록 개선하는 것이었고 다른 하나는 실제 현장에서 유용하게 쓰일 새로운 기능들을 추가하는 것이었어요.

먼저, 필수 기능의 사용성을 개선하는 부분에 있어서는 상징을 선택하고 편집하는 과정이 용이하도록 신경을 많이 썼습니다. AAC 앱을 사용할 때 가장 기본이 되는 작업이 상징을 만들고 수정하는 일이기 때문에 이 과정이 불편해지면 앱 자체를 쓰기가 어려워지거든요. 대중적으로 수많은 사람들이 매일 쓰는 SNS 앱이나 메시지 앱을 생각해 보세요. 우리가 그 앱들을 배워서 쓰는 게 아니잖아요. 그렇게 별도의 학습 없이도 쉽게 사용할 수 있는 직관적인 앱이 되도록 설계하려고 했습니다.

새롭게 추가한 기능들은 주로 현장 조사를 하면서 드러난 불편이나 요구사항을 토대로 기획되었습니다. 예를 들어 '목소리'가 대표적인 경우인데요. 기존에도 음성출력 기능은 있었지만 단일한 기계음에 가까웠거든요. 내부에서는 기능적으로 충분하다고 생각했지만, 실제 사용자들은 자신의 연령이나 성별과 전혀 맞지 않는 목소리로 말해야 하는 상황에 불편을 느끼고 있었죠. '나는 중년

남성인데 왜 어린 여자아이 목소리가 나오느냐'라는 피드백을 받았을 때는 저희도 크게 공감할 수밖에 없었습니다. 목소리는 단순한 출력 수단이 아니라 정체성과 밀접하게 연결된 요소라는 사실을 그제서야 실감하게 되었어요. 이후 NC AI와 협업해 연령과 성별에 맞는 다양한 음성을 탑재했고, 말의 톤과 높낮이까지 고려한 음성 기능을 추가하게 됐습니다.

이예경 기능적으로 보면 현장의 사용 환경을 반영해서 개선한 부분이 많아요. AAC 중재에서는 대상자별로 상황판을 만드는 일이 굉장히 중요한데요. 대상자의 수준과 필요에 맞춘 상황판을 개별적으로 구성해야 하기 때문에 언어재활사들은 이 작업에 상당한 시간을 할애해야 합니다. 그런데 실제 중재 환경에서는 1인 1기기 사용이 어려운 경우가 많고, 중재자 한 분이 여러 대상자를 동시에 지원하는 일이 일반적이거든요. 기기가 바뀔 때마다 상황판을 처음부터 다시 설정해야 하거나, 비슷한 상황판을 공유하고 싶어도 매번 새로 만들어야 했던 부분이 현장에서는 큰 부담으로 작용하고 있더라고요. 그래서 '멀티 프로필' 기능을 설계해서 기기마다 반복 설정해야 했던 상황판 작업의 부담을 줄이고자 했습니다.

또 기본으로 제공되는 상징이 아무리 많아도 사용자가 전달하고 싶은 미묘한 뉘앙스나 구체적인 의미를 담기에는 한계가 있는 경우가 많았어요. 그래서 상징 편집 과정에서 구글 이미지 검색을 바로 활용할 수 있는 기능을 추가했습니다. 이 기능을 통해 표현할 수 있는 범위가 훨씬 넓어졌고, 사용자 입장에서는 자신의 의도에 더 가까운 표현을 선택할 수 있게 됐다고 생각해요. 개인적으로 가장 의미 있게 느끼는 변화 중 하나입니다.

지속적인 서비스 관리도 개편 이후 달라진 점이에요. 서비스

출시 이후에도 매달 사용 데이터를 분석하고 사용자 피드백을 수집하면서 어떤 지점에서 불편이 생기는지를 계속 확인하고 있어요. 동시에 AAC 교육이나 중재 지원이 필요한 현장과의 소통도 점차 넓혀가고 있고요. 단순한 기능 개선을 넘어 AAC 환경 자체를 바라보게 되었다는 점이 가장 큰 변화인 것 같아요.

Q. 누구나 쉽게 접근할 수 있는 AAC 앱을 만들기 위해 여러 분야의 다양한 사람들과 소통하고 협력한 과정을 이야기해 주세요.

노유란 나의AAC는 처음부터 현장의 목소리를 어떻게 하면 제대로 반영할 수 있을지 고민하며 출발했기 때문에 진행 단계마다 정말 많은 분들의 손길이 함께했습니다. 처음부터 내부 논의만으로 방향을 정하기보다는 치료 현장에서 왜 이 앱을 개편해야 하는지에 대한 당위를 찾아 나갔죠. 전면적인 개편이 필요하다는 판단에 이르게 되었고 본격적인 기획을 시작하게 된 이후에는 직접 현장을 살펴보는 과정이 이어졌어요. 언어재활센터를 방문해 수업을 참관하고, AAC가 실제 중재 상황에서 어떤 방식으로 쓰이는지를 관찰했습니다. 특수학교에도 방문해서 선생님들과 인터뷰를 진행하며 학교 현장에서의 사용 환경과 실질적 어려움에 대해서도 들어보았고요. 실제 사용 장면을 보니 추가되어야 할 기능들이나 개선되어야 할 서비스가 구체적으로 보이더라고요. 그렇게 현장에서 보고

들은 내용들을 하나하나 기획에 반영해 나갔습니다.

먼저, 전)웰키즈소아청소년과 부설 아동발달센터 서지희 센터장님 팀과 협력하여 사용자 조사 및 어휘 연구를 수행했습니다. 연구를 통해 **나의AAC** 타깃 사용자군을 명확히 정의하고, 약 2,000개의 체계적인 기본 어휘를 선정할 수 있었어요. 또한, 서울시장애인의사소통권리증진센터 김경양 센터장님 팀과도 함께했습니다. 덕분에 선정된 어휘들이 실제 사용 맥락에 가장 적합하고 효율적으로 배치될 수 있도록 구조를 설계할 수 있었죠.

그림 상징 역시 다양한 선택지를 제공하고 싶었습니다. 그래서 기존에 보유하고 있던 NC 상징에 더해 현재 널리 활용되고 있는 KAAC 상징, 커뮤니 상징 체계의 저작권을 가진 기관들과 협약을 맺어 상징을 탑재했습니다. 그 결과 현재 **나의AAC**에는 약 1만 개 이상의 상징이 기본으로 제공되고 있어요.

나아가 사용자의 정체성을 온전히 담아낼 수 있도록 NC AI의 고도화된 음성 기술을 적용했고, AAC 분야 현장 전문가들의 세밀한 자문을 더해 실제 의사소통 환경에 가장 최적화된 서비스를 완성할 수 있었습니다.

이예경 **나의AAC**를 개편하는 과정에서 제가 가장 많이 느낀 건, 정말 많은 사람들의 전문성이 얽힐 수밖에 없는 작업이라는 점이에요. 현장의 목소리를 대변해 주신 재활사 선생님들과 어휘 연구팀

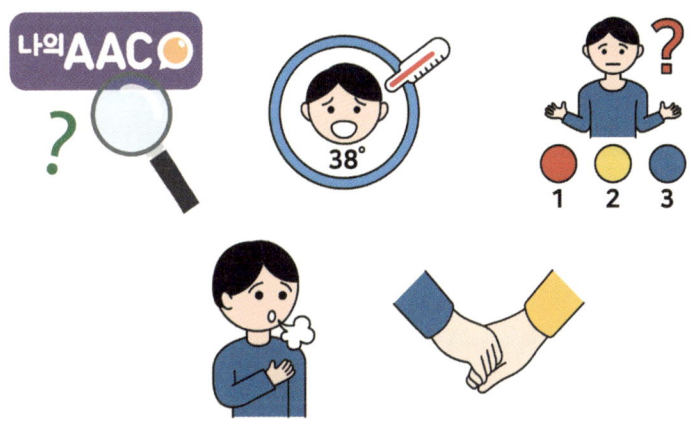

NC 상징

뿐 아니라 소프트웨어 개발팀, 개인정보 보호와 보안점검을 담당하는 팀도 함께 움직였고, 접근성 기준과 법적 요건을 충족하는 과정도 중요했어요. 현장에서는 어떤 기능이 꼭 필요하다고 요구하는데 접근성이나 개인정보 보호 기준 때문에 구현이 어려운 경우도 많았거든요. 그럴 때마다 요구 사항의 우선순위를 어떻게 조정할지, 무엇을 선택하고 무엇을 미뤄야 할지를 결정하는 과정이 쉽지 않았죠. 정해진 예산과 일정 안에서 최선의 결과물을 만들기 위해 개발자들과 몇 시간씩 회의를 이어간 적도 많았어요. 개발 일정과 동시에 교육이나 홍보 일정도 병행해야 해서 막판까지 정말 치밀하게 조율해야 했죠.

상징을 만드는 과정도 좀 어려웠어요. 기본 어휘 2천 개를 선정했지만 그중에는 기존에 만들어진 그림 상징이 없는 단어들도 있었거든요. 명사나 동사는 그래도 좀 나은 편인데 형용사나 부사처럼 추상적인 개념을 그림 하나로 전달해야 하는 경우는 정말 어렵더라고요. 상징이라는 게 텍스트 없이도 의미를 유추할 수 있어야 하는 거잖아요. 그런 점에서 상징 하나 만드는 데도 정말 많은 고민이 필요하다는 걸 그때 진짜 실감하게 된 것 같습니다.

앱을 오픈한 이후에도 현장에 **나의AAC**를 소개하고 반응을 확인하고 의견을 수렴하는 과정을 이어 나갔어요. 특히 올해 상반기에는 '**나의AAC** 언어치료 시원 프로그램'을 운영하면서 여러 언어치료센터와 언어재활사 선생님들을 가까이에서 만날 수 있었습니다. 8월에는 미래교육박람회에 특수교육디지털교육협회와 함께 참가해 많은 특수교사분들께 **나의AAC**를 소개하고 현장의 반응을 직접 확인하는 시간도 가졌어요. 이외에도 다양한 행사와 AAC 교육을 통해 현장의 종사자와 보호자들을 지속적으로 만나며 AAC가 사용되는 환경에 대한 생생한 이야기를 듣고 재단이 어떤 방식으로 실질적인 지원을 할 수 있을지를 계속 고민하고 있습니다.

Q. **개편 과정에서 예상하지 못했던 어려움이나 고민의 지점은 무엇이었나요?**

노유란 개편은 정말 여러 이해관계자들이 함께하는 작업이었어요.

개발자, 언어재활사, 그리고 연구를 하는 교수진까지, 각기 다른 위치에 있는 사람들이 하나의 앱을 만들어 나갔죠. 그러다 보니 작업 참여자들의 각기 다른 시선과 사고방식, 판단 기준을 서로 조율하는 일이 쉽지 않았습니다. 서로를 전혀 이해하지 못하는 순간들도 많았어요. 생각하는 방식 자체가 다르다 보니, 현장의 요구에 대해 이야기를 해도 개발자에게는 왜 그게 필요한지 잘 전달되지 않거나 반대로 구현이 불가능하다는 개발자의 말을 현장에서는 이해하지 못하는 경우가 많았죠. 이렇게 사고방식과 판단 기준이 완전히 다른 여러 이해관계자들의 언어를 조율하는 일이 저희의 역할이었습니다.

예를 들어 치료 현장의 요구 중에 상황판에 '여백이 있었으면 좋겠다'는 내용이 있었어요. 상황판이 너무 빽빽하면 사용자가 부담을 느끼기 때문에 중간중간 숨 쉴 수 있는 공간이 필요하다는 이야기였죠. 하지만 개발 언어로는 '여백'이라는 개념이 존재하지 않았어요. 5×3배열이면 15개의 칸이 꼭 채워져 있어야 하는 거죠. 그래서 이 여백을 어떻게 구현할 것인가를 두고 정말 많은 논의가 필요했습니다. 치료 현장에서는 분명히 필요하다고 이야기했고 개발자 입장에서는 완전히 구조를 바꾸어야 하는 문제이기 때문에 구현이 어렵다고 했거든요. 결국 '빈칸'이라는 개념으로 이 문제를 풀게 됐어요. 아무 상징도 없는 빈칸 상징을 하나의 요소로 만들어서 결과적으로는 여백처럼 보이게 구현한 겁니다. 사용자는 여백

을 비어 있는 것으로 느끼지만 시스템 안에서는 하나의 상징으로 작동하는 방식이죠. 이렇게 치료 현장의 언어를 개발의 언어로, 개발의 언어를 다시 현장의 언어로 옮기는 과정이 늘 어렵고도 고민되는 일이었던 것 같아요.

이예경 저는 '접근성'의 개념을 구현하는 과정이 쉽지 않았던 것 같아요. 접근성을 머리로만 이해하는 것과 실제 서비스 안에 구현하는 일은 완전히 다른 문제였거든요. 비장애인들에게는 편리하거나 보기 좋게 느껴졌던 UI 요소나 모션이 실제 사용자에게는 오히려 사용을 어렵게 하거나 접근을 막는 요소가 되는 경우가 많더라고요. 요즘 앱들에서 흔히 볼 수 있는 이른바 '팬시한' 기능들이 오히려 방해가 된다는 사실을 처음으로 알게 됐죠.

솔직히 초기에는 접근성 인증을 좀 안일하게 생각했던 것 같아요. 개발이 마무리된 이후에 받으면 되는 절차라고 여겼던 거죠. 그런데 실제로는 기능 설계 단계부터 접근성 기준을 고려하지 않으면 구현 자체가 어려운 경우가 많았고, 그로 인해 개발 일정이나 설계를 다시 조정해야 하는 상황도 반복됐습니다. 색상 대비나 명도 기준, 불필요한 모션 사용 제한처럼 비교적 명확한 기준들이 있었고, 그 기준을 하나하나 맞춰가는 과정이 생각보다 꽤 큰 과제였어요. 그래서 다른 대형 서비스들이 접근성을 어떻게 풀어내고 있는지도 많이 참고했죠. 화려한 기능보다는 사용 흐름을 최대한 단순하게 만들고 앱 사용법을 읽기 쉬운 설명으로 풀어내는 방식들이 인상적이었어요. 그 과정에서 덜어내는 것이 오히려 사용성을 높일 수 있다는 걸 깨닫게 되었습니다.

Q. 개편 이후에 앱의 확장을 위해 기획한 활동이나 서비스에 대해 이야기해 주세요.

노유란 AAC는 앱을 설치한다고 해서 바로 쓸 수 있는 게 아니라 보호자와 교사, 언어재활사 같은 주변 사람들이 계속 함께 사용하고 중재하면서 경험이 쌓여야 자리 잡을 수 있는 도구예요. 그런데 실제 현장에서는 교사나 언어재활사의 업무 부담이 크고 보호자들 역시 사용법을 익히는 데 어려움을 겪다 보니 중도에 중재를 포기하는 경우가 적지 않죠. 이런 현실을 지켜보면서, 앱의 사용 환경과 AAC에 대한 인식을 꼭 함께 개선해야겠다고 생각하게 됐습니다.

그래서 개편 이후, 앱을 보급하는 데 그치지 않고 교사 연수, 보호자 교육, 홍보 캠페인 같은 활동을 기획하는 데 집중했습니다. 그 중 하나가 '찾아가는 AAC 교육'이었고요. '찾아가는 AAC 교육'은 AAC에 대한 인식이나 교육 기회가 상대적으로 부족한 여러 지역으로 직접 찾아가서 AAC와 **나의AAC**의 활용방법을 공유하고자 기획한 프로그램이었습니다. 단순히 기능을 설명하는 자리가 아니라 실제 현장에서 어떻게 사용할 수 있는지, 어떤 방식으로 중재를 이어갈 수 있는지를 함께 고민하는 시간이었죠. 그 과정에서 만난 보호자분들 중에는 AAC를 들어본 적은 있지만 잘 알지 못해서 사용을 망설이고 있는 분들이 꽤 많았어요. 보호자 입장에서 아이의 어려움을 마주하고 인정하는 과정 자체가 쉽지 않다고 느꼈고, 그 마음의 부담 때문에 필요한 지원이나 도구를 적극적으로 선택하는 걸 망설이고 어려워하는 것 같았습니다. 특히 아이가 말을 해야 하는데 AAC를 먼저 사용하면 말할 기회를 잃는 건 아닐까, 우려를 많이 하셨어요. 이 부분에 대해서는 저희도 충분히 공감이 가더라고요. 그래서 AAC가 오히려 구어 발화를 촉진할 수 있다는 점

찾아가는 AAC 교육

을 설명해 드리면서 보호자들의 오해와 걱정을 함께 풀어 나가려
고 노력했습니다.

이예경 저희가 앱을 출시하기에 앞서 몇몇 언어치료센터나 복지관
에서 사전 테스트를 진행했어요. 이 과정을 통해 현장에서 주신 의
견들이 실제로 잘 구현됐는지 확인하고 전반적인 사용성을 점검하
고자 했죠. 그런데 테스트를 진행하면서 예상하지 못했던 반응들
을 마주하게 됐어요. 이미 구현되어 있는 기능임에도 불구하고 "이
런 기능이 있으면 좋겠다"거나 "이 기능이 없어서 불편하다"는 의
견들이 꽤 나왔거든요. 이런 반응을 보면서 기능을 제공하는 일도
중요하지만 이 기능을 어떻게 사용할 수 있는지를 충분히 전달하
는 일이 정말 중요하다는 걸 깨달았습니다.

　'찾아가는 AAC 교육'은 라라언어클리닉 조연주 원장님(언어재
활사)과 함께 진행했습니다. 언어치료 현장을 깊이 이해하면서도

AAC의 개념을 잘 설명할 수 있는 전문가와 협력하여, 단순히 나의 AAC의 기능을 소개하는 데 그치지 않고 실제 치료 상황에서 바로 활용할 수 있는 사용 꿀팁이나 적용 사례를 중심으로 내용을 구성했어요. 특히 실제 사례를 기록한 영상 자료가 정말 큰 도움이 됐어요. AAC를 통해 의사소통을 시도하면서 아동 대상자의 문제행동이 줄고, 나중에는 구어 발화로까지 이어지는 해외의 사례를 담은 영상이었는데요. 이 영상을 보고 많은 교육 참여자들이 '국내 사례도 보고 싶다', '말로 설명하는 것보다 AAC에 대해서 훨씬 잘 이해할 수 있었다', 'AAC에 대한 오해가 풀린다' 같은 후기를 전해주셨죠. 이런 경험을 통해 국내에서도 실제 중재 사례를 축적하고 공유할 필요가 있다는 걸 확인할 수 있었고, 그것이 '나의AAC 언어치료 지원 프로그램'으로 이어졌습니다.

2024년 12월부터 2025년 5월까지 약 6개월간 서울/수도권의 언어치료센터 및 전문기관 4곳과 협력해 '나의AAC 언어치료 지원 프로그램'을 운영했는데요. 그 과정에서 실제로 구어나 의사소통 능력이 증진되는 장면들을 다수 확인할 수 있었습니다. 현재 진행 중인 교육에서는 이런 국내 사례들을 더 적극적으로 공유하려고 하고 있고요. 구체적인 사례를 다양하게 제시하다 보니 교육 참여자들의 반응도 훨씬 긍정적이에요. AAC에 대한 장벽도 한결 낮아지는 것이 느껴지고요. 그만큼 AAC 중재를 시작할 수 있도록 도와주는 구체적인 사례와 자료가 필요했다는 걸 다시 한번 실감하게 됐죠. 최근에는 김제에서 교육을 시작했는데 앞으로도 여러 지역을 직접 찾아가는 교육과 온라인 교육을 병행하며 활동을 이어갈 예정이에요. AAC를 처음 접하는 분들도 막막해하지 않고 시도해 볼 수 있도록, 단계적인 자료와 실용적인 콘텐츠를 계속해서 마련해 나가고자 합니다

Q. 나의AAC의 향후 발전 방향과 함께, AAC 환경이 어떤 방향으로 개선되기를 바라시는지 말씀해 주세요.

노유란 감사하게도 나의AAC는 신규 출시 이후 꾸준히 사용량이 증가하고 있습니다. 실제 치료 현장에서도 이전보다 훨씬 더 많이 활용되고 있다는 걸 느낍니다. 제가 처음 AAC 사업에 합류했을 때와 비교하더라도 AAC에 대한 관심이 눈에 띄게 높아졌다는 걸 체감하고 있어요. 지난 10월(2025.10)에 진행한 '전국으로 찾아가는 AAC 교육' 프로그램의 인천 지역 모집 역시 며칠 만에 140명 이상이 신청하는 등 현장의 높은 수요를 확인할 수 있었죠. 다만 치료 현장에서 AAC 중재가 이루어지더라도, 그 효과가 가정으로 충분히 이어지지 못하는 경우가 많다는 한계 역시 인지하고 있어요. 이 지점은 앞으로 반드시 함께 고민되어야 할 과제라고 보고 있습니다.

  국내 AAC 환경은 최근 몇 년 사이 빠르게 발전하고 있지만, 여전히 지원 체계와 사회적 인식 측면에서는 초기 단계에 머물러 있

다고 봅니다. 미국이나 유럽의 경우 AAC가 특수교육과 언어치료 현장에 이미 폭넓게 통합되어 있고 공공시설에서도 자연스럽게 접할 수 있는 도구로 자리 잡고 있어요. 반면에 한국에서는 AAC가 아직도 장애인들이 사용하는 특수한 보조기기 정도로 인식되는 경우가 많죠. 특히 수도권 외 지역에서는 교육과 지원의 격차가 더 크게 느껴집니다. 실제로 나의AAC 지역별 사용 데이터를 봐도 서울과 경기권의 비중이 높은 편이고요. 그래서 앞으로 나의AAC의 기능적 발전과 더불어, 활용 맥락을 넓히는 방향에도 연구를 집중하려고 합니다. 치료실에 머무는 도구가 아니라, 가정과 학교, 지역사회까지 자연스럽게 이어질 수 있는 서비스가 되는 것이 중요하다고 생각해요. 이를 위해 교사와 보호자, 지역사회가 각자의 자리에서 AAC를 이해하고 활용할 수 있도록 연결하는 역할을 강화해 나가고 싶어요.

장기적으로는 AAC의 대상이 의사소통장애인에만 국한되지 않는다는 인식이 확산되기를 바랍니다. 최근 박람회나 행사 현장에 나가 보면 오히려 일반 학교 교사분들이 우리 아이들에게도 AAC를 활용해 볼 수 있을 것 같다고 말씀해 주시는 경우가 늘고 있어요. 다양한 요인으로 인해서 의사소통에 어려움을 겪는 아이들이 늘어나고 있다는 이야기도 자주 듣게 되고요. 교육청이나 여러 교육기관에서도 '사회정서'라는 키워드를 중심으로 특별 프로그램이나 재량 활동을 기획하는 경우가 많아지고 있다고 합니다.

아직 일반 학급에서 AAC가 활용되는 단계는 아니지만 수업 중 지시나 소통이 어려운 아이들, 말하기를 꺼리거나 감정 조절이 힘든 아이들에게 AAC를 하나의 재미 요소나 긴장을 완화하는 도구로 활용해 보면 좋을 것 같다고 말씀하시는 선생님들도 계셨어요. 노인이나 외국인에게 적용할 수도 있고요. 우리 누구나 의사소통에 어려움을 겪는 상황에 처할 수 있잖아요. 그럴 때 AAC가 유용한 의사소통 도구가 될 수 있다고 생각해요. AAC가 '특수한 보조기기'가 아니라, 누구나 필요할 때 선택할 수 있는 소통 수단으로 자리 잡는 것이 **나의AAC**가 지향하는 궁극적인 목표입니다.

이예경 현재 **나의AAC**는 약 8,500명의 MAU(월간 활성 사용자)와 약 1만 명의 회원을 보유하고 있어요. 앱 사용량도 꾸준히 증가하고 있고요. 그럼에도 불구하고, 언어·뇌병변·자폐·지적장애 등 **나의AAC**의 주요 사용 대상이 되는 등록 장애인 수가 50만 명 이상이라는 점을 고려하면, 아직 충분히 활용되고 있다고 말하기는 어려운 것 같아요. 그만큼 AAC에 대한 인식이 여전히 부족하다는 걸 느끼고 있습니다.

보급 과정에서 기기 접근성에 대한 어려움도 계속 접하게 됩니다. **나의AAC**는 태블릿이나 스마트폰에서 무료로 다운로드해 사용할 수 있고, 학교나 센터에서도 기기를 점점 더 많이 구비하고 있는 추세이기는 한데요. 막상 현장에서는 기기 파손에 대한 우려나 관리 부담 등으로 인해 적극적으로 활용되지 못하는 경우가 있다는 이야기를 종종 듣습니다. 그래서 단순히 기술적인 조건을 갖추는 것뿐만 아니라, 각 현장의 여건을 고려한 지원이 함께 이루어졌으면 좋겠다는 생각도 하고 있어요.

앞으로 **나의AAC**는 더 많은 분들이 부담 없이 접하고, 실제 현

2025 에듀테크 박람회. (왼쪽부터) 이예경 매니저, 노유란 팀장, 조동환 매니저

장에서 자연스럽게 써볼 수 있는 방법을 계속 찾아 나가려고 합니다. 나의AAC를 실제로 어떻게 활용할 수 있는지 보여주는 다양한 사례들을 계속 모으고, 이를 현장과 공유하는 일에 힘쓸 계획이에요. 동시에 재단이 주도하는 방식에 머무르기보다는, 나의AAC 사용자들이 각자의 경험을 나누고 정보를 공유할 수 있는 사용자 커뮤니티가 자연스럽게 만들어지기를 기대하고 있습니다. 그런 의미에서 현재 나의AAC 홈페이지 안에 커뮤니티 공간을 하나의 페이지로 만들어 운영하고 있는데요. 이 커뮤니티를 반드시 활성화해야 한다는 목표를 앞세우기보다는, 필요할 때 언제든지 질문을 던질 수 있는 하나의 창구가 되도록 만드는 것이 더 중요하다고 봅니다. 나의AAC뿐만 아니라 AAC를 다양한 상황에서 사용한 경험들이 자연스럽게 모이고 이어질 수 있도록 이런 활동들을 계속 확장해 가고 싶습니다.

Q. 이 일을 하면서 개인적으로 가장 보람을 느꼈던 순간은 언제였나요? 그 경험이 개인적인 가치관에 어떤 변화를 가져왔는지도 궁금합니다.

노유란 아무래도 가장 보람을 느끼는 순간은 사용자분들이 실제로 AAC를 활용해 소통하는 모습을 마주할 때일 것 같아요. '나의AAC 언어치료 지원 프로그램'을 운영하면서 재활사 선생님들이 기록해 주신 치료 과정을 통해 대상자들의 변화를 확인할 수 있었는데요. 정도의 차이는 있었지만 참여하신 모든 분들이 언어 능력뿐 아니라 소통에 대한 의지에서도 분명한 변화를 보이셨어요. 늘 '기분이 좋다'라고만 답하던 대상자가 '오늘은 피곤해요', '수업하고 싶지 않아요'처럼 자신의 진짜 상태와 감정을 표현하기도 하고, 인사를 받기만 하던 대상자가 '선생님 좋은 주말 보내세요'라고 먼저 인사를 건네기도 했습니다. 또 발화가 어느 정도 가능했던 분의 경우에는 AAC 중재를 통해 말을 따라 하거나 말로 먼저 표현하려는 모습을 보였어요. AAC 중재가 발화로 이어지는 순간을 보면서 AAC가 말을 대신하는 도구가 아니라 의사소통을 돕고 확장하는 역할을 한다는 걸 분명히 느낄 수 있었습니다.

이런 장면을 마주할 때마다 '그래도 내가 하고 있는 일이 실제로 누군가에게 도움이 되고 있구나'라는 안도감을 느끼게 돼요. 동시에 우리가 하는 일이 생각보다 더 무겁고 책임 있는 일이라는 생각도 들고요. 사회공헌 업무를 하면서 프로젝트의 효과를 이렇게 눈으로 직접 확인할 수 있는 경험은 흔치 않기 때문에 AAC 사업이 더 특별한 것 같습니다.

저 개인적으로는 소통에 대해 더 많이 생각하게 됐어요. 소통이라는 게 결국 내가 하고 싶은 말을 얼마나 잘 전달하느냐의 문제가 아니라 상대방의 말을 기다리고 이해하려는 마음에서 시작된다는 걸 점점 더 느끼게 되더라고요. 우리 모두의 마음에 여유가 필요하다는 생각도 하게 됐어요. 여유가 없을 때는 상대가 무슨 말을 해도 잘 듣지 못하고 대화가 쉽게 엇나가기도 하잖아요. AAC 사용자와의 소통에서는 그런 점이 특히 더 다가오는 것 같아요. AAC로 대화를 시작하는 데에는 생각보다 많은 시간과 용기, 마음의 준비가 필요하거든요. 상징 하나를 누르기까지의 망설임과 집중을 곁에서 지켜보다 보면, 결국 소통에서 가장 중요한 건 기다림과 여백이라는 생각을 하게 됩니다.

이예경 나의AAC 개편 과정에 참여하고 AAC 관련 활동을 운영하면서도 한편으로는 '내가 하고 있는 일이 정말 장애 당사자에게 도움이 되고 있을까'라는 고민을 자주 했어요. 현장의 당사자들을 만나는 일도 있지만 대부분의 시간을 사무실 책상 앞에서 보내다 보니 실제 변화나 반응을 체감하기 어려울 때도 많았거든요. 그러던 중에 '나의AAC 언어치료 지원 프로그램'을 운영하게 됐고, 그 과정을 지켜보면서 비로소 그동안 갖고 있던 고민과 불안이 많이 사라졌던 것 같아요.

　또 사회공헌사업을 담당하면서 예상하지 못했던 경험 중 하나는 감사 인사를 받는 순간들이었어요. 직장인으로서 주어진 일을 했을 뿐인데, 교육 프로그램을 마치고 정리하는 중에 감사 인사나 진심 어린 피드백을 받을 때가 있거든요. 부스를 운영하면서 사업을 설명해 드릴 때, 손을 꼭 잡고 응원의 말을 건네주시는 분들을 만난 적도 있고요. 그런 작고 사적인 표현들이 생각보다 오래 기억에 남더라고요. 큰 성과나 눈에 띄는 결과보다도, 이런 순간들이 쌓이면서 이 일을 선택하길 잘했다는 확신을 갖게 됩니다. 앞으로도 계속 잘하고 싶다는 생각도 하고요.

재단에서 AAC 사업을 담당하기 전에도 저는 스스로 사회적 약자에 대한 감수성이 꽤 높은 편이라고 생각했어요. 고등학교 때 봉사활동도 열심히 했고, 정치학을 전공하면서 약자를 위한 권리나 제도에 대해 관심 있게 공부했거든요. 그런데 실제로 현장을 마주하고 부딪혀 보니, 제가 얼마나 비장애인의 시선 안에서만 살아왔는지를 실감하게 되더라고요. 미처 고려하지 못했던 조건과 환경, 제가 알지 못했던 무지의 범위가 생각보다 훨씬 크다는 걸 깨달았습니다. '의사소통은 권리'라는 개념도 처음으로 제대로 인식하게 됐고요. 그 이후로는 일상에서도 시선이 조금 달라졌어요. 길을 가다가도 전엔 보이지 않던 복지관이나 장애인 시설이 눈에 들어오고요. '여긴 휠체어 접근이 어렵겠구나' 같은 생각들을 자연스럽게 하기도 해요. 이 일을 통해 세상을 바라보는 기준 자체가 조금은 바뀌었달까요. 지금 하고 있는 이 일이 제게는 단순한 업무를 넘어서는 의미를 갖고 있는 것 같아요.

Q. 보완대체의사소통 기술이 인간의 삶과 관계 속에서 어떤 의미를 가진다고 보시나요?

노유란 기술이 언제나 긍정적인 미래만을 약속하는 것은 아니겠죠. 그 안에는 위험과 한계도 분명 존재할 테니까요. 그럼에도 불구하고 기술은 결국 차이를 포용하고 기회를 공평하게 나누는 방향으로 나아가야 한다고 생각합니다. 또 보완대체의사소통 기술이 바로 그 지향점을 가장 분명하게 보여주는 예시라고 생각하기도 합니다.

개인적으로는 어릴 때 영어를 막 배우고 서툰 말로 주문에 성공했을 때 느꼈던 뿌듯함과 기쁨이 아직도 기억에 남아있는데요. AAC를 통해 자신의 뜻이 타인에게 온전히 전달되는 경험은 그보다 훨씬 더 강렬한 감정일지도 모르겠다는 생각을 하게 돼요. 이런 소통의 경험이 자신감과 자기 효능감을 키우고 나아가 사회 속에서 주체적으로 살아갈 수 있는 힘이 되어줄 수 있지 않을까요? 그런 의미에서 AAC는 우리가 서로 연결되기 위한 '용기'라고 생각해요.

이예경 의사소통은 인간이 세상과 관계를 맺고 자신의 존재를 드러내는 '인간다움'의 핵심이라고 생각해요. 인간이라면 누구나 자신의 생각과 감정, 욕구를 표현할 권리가 있는 거죠. AAC는 모두가 그 권리를 실현할 수 있도록 실질적으로 돕는 수단이고요. 그런 의미에서 AAC 기술은 단순한 도구를 넘어, 사람과 사람 사이의 연결을 가능하게 하는 역할을 하는 것 같아요.

저는 AAC를 외국어에 비유해 생각해 보게 되는데요. 가령 영어처럼 우리에게 익숙한 외국어를 쓰는 사람을 만나면 서툴더라도 그 언어로 소통하려 노력하겠죠. 하지만 한 번도 들어본 적 없는 낯선 언어를 쓰는 사람을 만나게 되면 반응이 좀 다를 거예요. 피하거나 무시해 버릴 수도 있고 소통을 포기해 버릴 수도 있겠죠. AAC도 마찬가지라고 생각해요. AAC가 어떤 분들에게는 제1의 언어가 될 수도 있잖아요. 우리가 AAC라는 언어가 존재한다는 사실만 인지하고 있어도, AAC를 사용하는 사람을 대하는 태도가 달라지지 않을까요? AAC를 통해 더 많은 사람들이 자신의 언어로 세상과 관계를 맺을 수 있을 때, 우리 사회 역시 조금 더 포용적인 방향으로 나아갈 수 있을 것이라고 생각합니다.

Q. 끝으로, 인간과 기술이 함께 만들어 갈 의사소통의 미래는 어떤 모습일까요?

노유란 결국 경계가 점점 흐려지는 사회가 오지 않을까 싶어요. 장애와 비장애, 원어민과 외국인, 아날로그 세대와 디지털 세대 사이의 간격을 기술이 자연스럽게 메워 주는 방향으로 나아가지 않을까요? 사실 그렇게 먼 미래의 이야기만은 아닌 것 같기도 합니다. 최근에 새로 출시된 에어팟 프로를 보더라도 실시간으로 양방향 번역을 해 주는 기능이 들어간다고 하잖아요. 언어가 달라도 기술만 있다면 각자의 모국어로 비교적 편하게 소통할 수 있는 시대가 이미 눈앞에 와 있는 거죠. 앞으로는 기계가 단순히 말을 번역하는 데서 그치지 않고, 상황이나 감정, 맥락까지 함께 이해하고 전달해 주는 소통 지원도 가능해지지 않을까 기대하고 있습니다.

다만 아무리 기술이 발전하더라도, 결국 중요한 건 사람들이 그 기술을 어떻게 받아들이고 사용하느냐인 것 같아요. 소통은 꼭 목소리로만 이루어지는 게 아니라는 걸 이해하고, 나와 다른 의사소통 방식을 존중하고 받아들이는 태도가 함께 따라와야 한다고 생각해요. 우리가 모두 조금씩 노력하고 준비해 나간다면, 앞으로의 의사소통은 지금보다 훨씬 더 풍요로워질 거라고, 누구도 배제되지 않는 방향으로 나아갈 수 있을 거라고 믿습니다.

이예경 제가 바라는 의사소통의 미래는 장애 유무나 언어 능력에 관계없이 누구나 발언권과 참여 기회를 보장받는 사회가 가능하게 하는 것입니다. 말하는 방식이 다르다는 이유로 배제되지 않도록, 기술이 그 차이를 자연스럽게 연결해 주는 환경이 필요하다고 생각해요. 의사소통은 개인의 역량만이 아닌 사회 전체의 책임이기도 하니까요. 누구든 자신의 생각과 감정을 다양한 방식으로 표현할 수 있고, 그 표현이 존중받는 사회가 되기를 바랍니다.

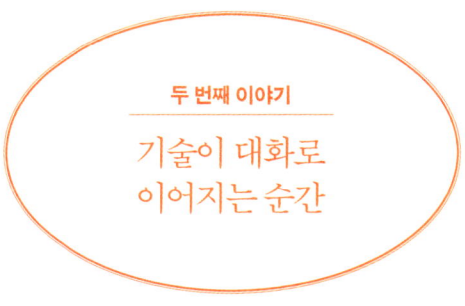

—NC AI 음성서비스 운영자 이예지 인터뷰—

같은 문장이라도 어떤 목소리로, 어떤 감정으로 이야기하느냐에 따라 그 의미는 확연히 달라진다. 음성의 높낮이와 세고 여린 정도, 말의 속도와 호흡이 문장의 뉘앙스를 바꾸고 감정의 결을 결정한다. 의미는 기호 안에만 머무르지 않는다. 기호가 발화되는 순간의 공기와 리듬, 그리고 그것을 둘러싼 맥락까지 맞물릴 때 의미는 비로소 결정된다. 구어 소통에서는 기호 바깥의 요소들이 당연하게 작동하지만 AAC의 영역에서는 충분히 구현되기가 쉽지 않다.

　개편된 **나의AAC**에서는 성별과 연령대에 맞는 목소리를 바탕으로 행복·분노·슬픔·중립의 네 가지 감정을 표현할 수 있도록 지원한다. 이는 단순한 음성 산출만으로는 말에 담긴 의미를 온전히 전달하기 어렵다는 문제의식에서 출발해, 감정과 뉘앙스를 함께 담아내고자 한 고민의 결과다. NC AI 음성서비스 운영자 이예지는 이 과정에서 음성합성 모델의 데이터 구축과 조정, 품질 검증을 맡았다. 그녀의 경험을 통해 마음을 담은 소리가 만들어지기까지의 시행착오와 고민의 순간들을 되짚어 본다.

Q. 나는 어떤 사람인가요?

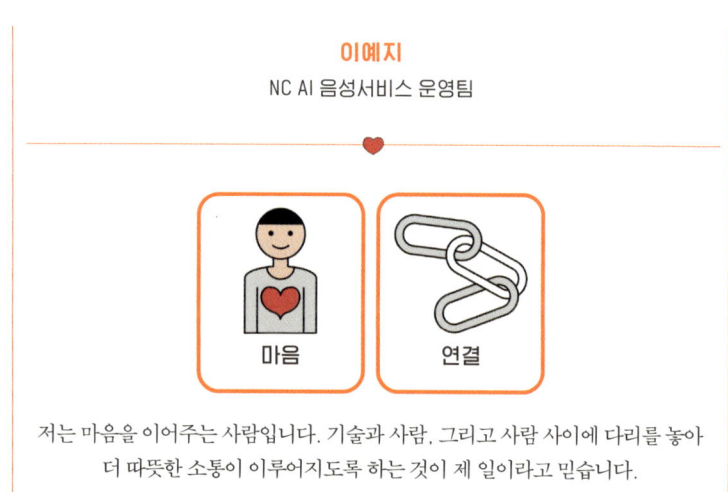

이예지
NC AI 음성서비스 운영팀

마음   **연결**

저는 마음을 이어주는 사람입니다. 기술과 사람, 그리고 사람 사이에 다리를 놓아 더 따뜻한 소통이 이루어지도록 하는 것이 제 일이라고 믿습니다.

Q. 나의AAC 개편 과정에서 맡은 역할과 주요 업무에 대해 먼저 소개해 주세요.

저는 현재 NC AI에서 음성 AI 서비스실 음성서비스 운영팀에서 음성 서비스 운영과 데이터 구축, 모델 개선, 서비스 품질 관리(QA)를 맡고 있습니다. 올해로 7년 차가 되었네요. **나의AAC** 개편 과정에서는 음성합성 모델을 만들기 위한 데이터를 구축하고 조정하는 작업부터 실제 서비스 환경에서 음성이 어떻게 들리는지를 점검하며 품질을 관리하는 역할을 담당했습니다.

텍스트나 데이터 입력을 전기 신호로 변환해 컴퓨터가 인공적으로 생성한 음성을 합성음이라고 하는데요. 개편된 **나의AAC**에서는 이러한 합성음을 네 가지 감정으로 산출할 수 있어요. 저는 이 감정 합성음이 기술적으로 정확하게 출력되는 음성을 넘어 실제 대화처럼 자연스럽게 들리도록 만드는 것을 목표로 제작 과정 전반에 참여했습니다. 음성합성 결과를 반복해서 검토하며 어색한 부분이 없는지, 일상적인 소통에서 무리가 없는지를 계속 확인하고 개선하는 일이 주된 업무였죠.

Q. 나의AAC의 개편 과정에서 특별히 집중했던 과제는 무엇인가요?

처음부터 '단순한 음성 전달만으로는 진정한 의사소통이 될 수 없다'는 문제의식을 가지고 개편을 시작했습니다. 같은 문장이라도 감정에 따라 의미가 달라지는데, 기존의 기계적인 합성음으로는 이 차이를 충분히 표현하기 어려우니까요. 기존 AAC가 대체로 중립적인 단일 화자 음성에 의존했다면, **나의AAC**에서는 다양한 연령대의 화자와 행복·분노·슬픔·중립의 네 가지 감정을 지원하도록 구현했습니다. 감정 표현에 있어서는 일상 속에서 가장 자연스럽게 사용될 수 있는 담백한 표현을 목표로 삼았어요. 영화나 드라마 속의 연기처럼 극적으로 표현된 감정보다는 생활 속에서 느낄 수 있는 사람의 소소한 감정을 진정성 있게 담아내고자 한 거죠.

UI User Interface(사용자 인터페이스)와 UX User Experience(사용자 경험)에 있어서는 접근성과 직관성을 가장 중요하게 생각했습니다. 복잡한 메뉴보다는 감정을 쉽게 고를 수 있는 분류체계를 마련해 사용자가 원하는 목소리와 감정을 빠르게 선택할 수 있도록 했죠. 연령대와 사용 상황에 맞춰 설정을 쉽게 조정할 수 있도록 설계해, 실제 생활 속 다양한 맥락에서 부담 없이 사용할 수 있도록 했고요.

궁극적으로는 현장의 의견을 최대한 반영하려고 노력했습니다. 기술적 완성도보다는 실제 사용성을 최우선으로 두고, 언어재활사와 특수교사, 장애 당사자와 보호자들이 시범 사용 후 보내 주신 피드백을 바탕으로 여러 차례 수정하는 과정을 거쳤습니다. 감정의 강도와 톤, 말의 속도를 세밀하게 조정하며 합성음을 점점 일상 대화처럼 만들어 나갔죠.

Q. 나의AAC의 감정 합성음을 만드는 과정에 대해서 구체적으로 소개해 주세요.

합성음을 만들 때 가장 중요한 건 데이터를 구축하는 일이에요. 음성합성 모델은 결국 데이터를 따라가기 때문에, 어떤 데이터를 쓰느냐에 따라 말하는 방식과 스타일이 크게 달라지게 됩니다. 예를 들어 존댓말 위주의 데이터만 모으면 음성합성 모델이 반말 표현은 잘 하지 못하게 돼요. 그래서 데이터를 구축할 때, 실제 사용자와 사용 환경을 고려해 말투와 표현을 다양하게 구성해야 하죠.

이번 작업에서는 약 천 문장 정도의 데이터를 구축했는데요. 데이터에 사용되는 문장 대부분을 직접 만들었습니다. 기존 자료를 참고하기도 했지만 실제 AAC 사용자들이 자주 쓸 만한 표현들을 중심으로 다시 구성해야 했기 때문에 전체 문장의 70~80%는 직접 작성했어요. "배고파요", "아파요", "도와주세요"처럼 간결하고 필수적인 표현들을 여러 조합으로 쌓는 한편, 중간 길이의 문장과 일상 대화에 가까운 긴 문장까지 단계적으로 구성했죠. 말의 리듬과 호흡을 학습할 수 있도록, "아, 그래?", "진짜?"처럼 내용보다는 대화의 상호작용에 초점을 둔 문장들도 데이터에 포함했습니다. 연령대에 따라 사용하는 어휘와 말투가 다르니까 아이가 쓰는 자연스러운 표현을 중심으로 한 데이터도 별도로 구축했고요. 이 과정에서 저 개인적으로는 문장의 디테일을 보완하는 데 신경을 썼습니다. 문장의 길이나 말의 리듬처럼 섬세한 부분들을 조정하며 실제 대화에 더 가까운 문장을 구성하기 위해 고민했어요. 문장 하나하나가 너무 설명적이거나 길어지지 않도록 하면서도 일상에서 사람들이 주고받는 말의 호흡을 살리려고 노력했죠.

그다음에는 성우를 선정해 녹음을 진행했습니다. 음성합성의 품질은 데이터의 질에 달려 있기 때문에 녹음 단계부터 세심한 주의가 필요합니다. 이번 개편에서는 연령대와 성별에 따라 총 여섯 명의 성우와 녹음을 진행했는데요. 남녀 성별을 기본으로 어린이, 청년, 중년까지를 타깃으로 설정해 각 연령대에 맞는 말투와 감정 표현을 구현하고자 노력했습니다. 녹음 과정에서는 최대한 자연스러운 톤을 찾는 데 집중했어요. 전문 성우분들은 기본적으로 연기를 하시는 분들이라 감정 표현이 다소 분명한 편이거든요. 표현이 과도하면 듣기 부담스럽고 표현이 부족하면 기계적으로 들리기 때문에 녹음 과정에서부터 감정 표현의 균형을 찾아야 합니다. 그래서 녹음을 시작하고 최소 한두 시간 정도는 톤을 맞추는 데 썼던 것 같아요. 그럴 때, "조금만 더 감정을 줄여주세요", "대화하듯 말해 주세요"와 같은 요청을 많이 했습니다.

녹음이 끝난 뒤에는 수집된 데이터가 모델 학습에 적합한 상태인지 검증하는 과정을 거쳤습니다. 발음이 불분명하거나 노이즈가 섞인 부분은 없는지, 감정과 톤이 의도한 방향과 맞는지를 하나하나 확인했죠. 이렇게 검증을 마친 데이터를 음성합성 모델 학습에 사용해 합성음을 최종적으로 생성했습니다. 이후에는 현장의 피드백을 받아 수정과 조율을 거치면서 완성도를 높여갔고요.

Q. 작업 과정에서 가장 어려웠던 점은 무엇이었나요?

자연스러움의 기준을 찾아 나가는 과정이 가장 어려웠던 것 같아요. 처음에는 감정을 단계별로 나눠서 설계하기도 했어요. 이를테면 분노 1단계, 슬픔 2단계, 이런 식으로 말이죠. 그런데 이런 방식도 연기를 전제로 한 접근이다 보니 실제 대화에 적용했을 때는 너무 튀는 느낌이 들더라고요. 감정의 단계를 나누기보다는 강도를 절제하는 일에 더 신경을 써야 했어요. 무엇보다 자연스러움이라는 기준 자체가 굉장히 상대적이잖아요. 결국에는 쓰는 사람의 감각에 맞춰 정해야 하더라고요. 정해진 답이 없기 때문에 사용자들의 반응을 기준으로 감정의 결을 일일이 조정하며 자연스러운 음성을 찾아 나갈 수밖에 없었습니다.

녹음 과정에서는 어린이 성우와의 작업이 특히 쉽지 않았어요. 어린이들은 성인들처럼 발음이 정확하지가 않잖아요. 그런데 발음이 불안정하면 음성합성 모델 학습에 어려움이 생기거든요. 그래서 연기 경험이 있으면서도 톤이 너무 과하지 않은 어린이를 찾는 일이 관건이었습니다. 역시나 자연스러운 톤을 가진 목소리를 찾기까지 많은 시행착오를 겪었던 것 같아요. 게다가 어린이들은 법적으로 정해진 시간 안에서만 녹음이 가능하다 보니 일정 조율도 어려웠고 컨디션 관리 역시 중요한 변수였습니다. 아직 성장 중이라 성대가 약해 목에 쉽게 무리가 갔거든요. 조금만 오래 녹음을 해도 금세 목이 쉬었고 감기에 걸려 목소리가 달라지기도 했어요.

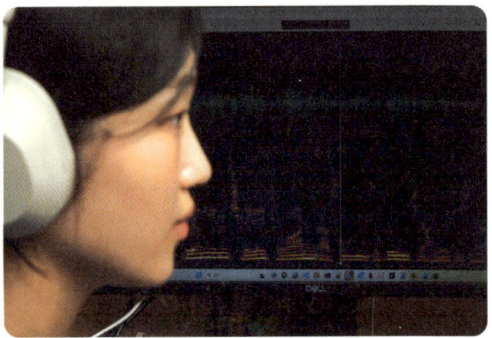

실제로 데이터를 확인하는 과정에서 녹음 초반과 후반의 음색이 달라진 경우도 있었는데요. '왜 이렇게 목소리가 거칠어졌나' 하고 보면 아이가 감기에 걸린 상태였습니다. 성인 성우가 어린이 음성을 연기하는 방식도 고민해 봤지만, 그러면 너무 인위적인 느낌이 강해져서 실제 대화의 느낌이 살아나지 않더라고요. 결국 아이의 컨디션과 일정에 맞춰 기다리고 조율하며 작업을 이어갈 수밖에 없었습니다.

Q. 나의AAC 개편 이후, 감정 합성음과 관련해 특히 인상 깊었던 사용자 피드백이 있었나요?

베타 테스트를 진행할 때 실제 사용자들의 피드백을 받는 과정이 개인적으로는 기억에 많이 남아요. 언어재활사나 보호자, 사용자분들께서 베타 버전을 직접 써 보시고 주신 의견이 도움이 많이 됐거든요. 내부에서는 충분히 자연스럽다고 느꼈던 음성도, 현장에서는 다르게 받아들여지는 부분들이 있었어요. 조금 과하다거나 반대로 밋밋하다는 의견이 나오기도 했고 말의 속도가 너무 빠르다거나 느리다는 의견도 있었죠. 그런 의견들을 반영해 일상 대화에 가까운 톤으로 다시 조정하는 과정을 여러 차례 거쳤는데요. 그 과정에서 제가 훨씬 더 직접적으로 현장에 다가가는 느낌이 들었어요.

제가 처음 이 일을 시작할 때만 해도 음성합성 서비스는 정보를 일방적으로 전달하기 위한 도구에 가깝다고 생각했던 것 같아요. 내레이션이나 안내 방송처럼 불특정 다수를 향해 송출되는 음성은 듣는 사람을 구체적으로 상정하지 않잖아요. 그래서 이 소리들이 실제 누군가의 '대화'가 될 수 있을 거라고는 크게 실감하지 못했던 것 같아요. 그런데 **나의AAC** 개편 작업을 하면서 생각이 바뀌었어요. 저 스스로가 듣는 사람에게 직접적으로 한 발 더 다가가는 느낌이었습니다. 생각했던 것보다 더 감동적이었죠.

특히 보호자나 언어재활사분들이 감정 합성음으로 대화를 할 때 훨씬 자연스럽게 이어지는 것 같다고 말씀해 주셨던 순간이 아직도 기억나요. 이 작업이 실제로 누군가를 돕는 일이라는 걸 체감하게 된 순간이었죠. 단순한 기술 개발을 넘어, 누군가의 실제 삶에 변화를 만들어내는 일이라는 것을 깨닫게 되었어요. 지금도 그 경험은 제가 이 일을 계속 이어가게 하는 원동력이 되고 있습니다.

Q. 개인적으로 개편된 나의AAC에서 가장 긍정적으로 평가하는 점과 여전히 남아있는 아쉬운 점은 무엇인가요?

개인적으로 가장 긍정적으로 평가하는 부분은 GAN 기반 음성합성 모델GAN-Speech을 적용했다는 점이에요. GAN 기반 음성합성 모델은 음성의 질감, 호흡, 잔여 잡음 같은 미세한 요소까지 학습해서 듣는 사람이 기계음이라고 느끼지 않을 정도의 자연스러움을 구현할 수 있죠. AAC 환경에서는 표현의 극적인 다양성보다 일상 대화에 어울리는 자연스러움이 더 중요하다고 판단했기 때문에, 과장되지 않은 담백한 톤의 음성을 구현했다는 점에서 의미가 있다고 생각합니다.

반대로 더 다양한 목소리와 세밀한 감정 표현이 충분히 구현되지 못한 점은 여전히 아쉬워요. 이번 작업에서는 감정의 종류를 네 가지로 정리했지만, 실제 대화에서는 그 사이의 수많은 뉘앙스가 존재하잖아요. 개인이 가지고 있는 미묘한 정서도 사람마다 다르고요. 앞으로는 감정 스펙트럼을 더 확장해 보고 싶어요. 성별과 연령대로 구분하는 방법 외에도 다양한 음색을 지원하는 방향으로 발전시켜야 한다고 생각합니다.

다국적 지원을 확대해서 해외 사용자들도 활용할 수 있도록 하고 싶어요. 의사소통장애인 당사자뿐 아니라 우리 사회의 다양한 구성원들이 함께 배울 수 있는 교육 프로그램과도 연계할 수 있으면 좋겠어요. 많은 사람들이 쉽고 자연스럽게 접근할 수 있는 AAC

생태계가 만들어지기를 바랍니다.

Q. 보완대체의사소통 기술이 인간의 삶과 관계에 어떠한 의미를 가진다고 생각하시나요?

기술이 반드시 화려하거나 눈에 띄게 혁신적일 필요는 없는 것 같아요. 오히려 일상의 불편을 줄이고, 누구나 당연히 누려야 할 권리를 보장할 때 기술의 가치가 더 빛난다고 생각해요. AAC는 바로 그런 기술이고요.

AAC는 단순히 단어를 대신 읽어주는 장치가 아니라, 사용자가 자기 의지와 감정을 자기 목소리로 표현할 수 있도록 돕는 기술이에요. 누군가가 대신 말해주고 도와줘야 하는 존재가 아니라, 스스로 말하고 선택하고 결정하는 주체로 설 수 있게 만드는 거죠. 이런 변화는 인간관계에도 영향을 미칩니다. '듣는 사람'에서 '의견을 말하는 사람'으로, '도움을 받는 사람'에서 '함께 참여하는 사람'으로 살아갈 수 있게 되니까요. AAC는 삶을 더 화려하게 꾸미는 기술이 아니라, 인간이 인간답게 살아갈 수 있도록 돕는 기술이라는 점에서 기술의 본질에 가장 가까운 형태라고 생각합니다.

Q. 끝으로, 인간과 기술이 함께 만들어 갈 의사소통의 미래는 어떤 모습일까요?

대부분의 경우, 기술은 자본과 연결이 되기 마련이잖아요. 그러다 보니 새로운 기술을 접하면 이 기술이 어떤 식으로 이익을 창출할 수 있을지를 먼저 떠올리게 되고요. 저 역시 기술의 발전을 인간의 욕망과 연결해서 부정적으로 생각해 왔던 것 같습니다. 그런데 이번 작업을 하면서 기술이 이렇게까지 확장될 수도 있구나 하고 처음으로 느꼈던 것 같아요.

음성합성 기술 역시 상업적으로 활용되는 사례를 쉽게 찾아볼 수 있어요. 그러니 성우분들 입장에서는 자신의 목소리로 구축한 데이터로 합성음을 만드는 일에 당연히 거부감을 느낄 수 있죠. 자기 목소리가 상업적으로 소비되고, 그 과정에서 본인의 역할이 대체될 수 있다는 불안을 느끼게 되니까요. 하지만 이번 작업에서는 모든 성우분들이 흔쾌히 참여해 주셨어요. 이 기술이 누군가의 삶에 꼭 필요한 형태로 쓰일 수 있다는 점에 모두 공감해 주셨기 때문이라고 생각해요. 기술이 누군가를 대체하거나 밀어내는 것이 아니라 새로운 역할과 의미를 만들어낼 수 있다는 가능성을 확인한 경험이었죠.

저는 기술이 점점 더 사람의 감정과 상황을 섬세하게 읽어내고 그에 맞게 반응하는 방향으로 발전해 갈 것이라고 생각해요. 그게 인간을 배제하는 방식이 아니라 인간을 더 깊이 이해하는 방식으로 사용된다면, 기술은 사람과 사람 사이가 연결될 수 있도록 돕는 도구가 될 수 있을 거예요. 언어·비언어적 장벽은 낮아지고 소통을 가로막는 장애들도 점차 보완될 수 있겠죠. 궁극적으로는 기술이 경계와 장벽을 허물어 누구나 자기 방식으로 표현할 권리를 당연하게 누리는 사회로 나아가게 되지 않을까 생각합니다.

3장

말하지
않아도

코고나다 감독의 영화 〈애프터 양After Yang〉(2022)은 입양한 딸의 교육을 위해 한 가족이 들인 휴머노이드 AI '양Yang'이 갑자기 작동을 멈추면서 시작된다. 가족들은 양을 고치기 위해 수리점을 찾고, 양의 내부에 저장된 기억 데이터를 들여다보게 된다. 양의 기억은 사소한 일상의 순간들을 담은 파편적인 장면들로 가득하다. 따뜻한 물속에서 유영하는 찻잎, 싱그럽게 자라는 아이의 얼굴, 오후 햇살이 길게 늘어지던 방, 바람에 흔들리는 나뭇가지, 하늘, 미소, 그리고 눈빛. 영화는 스쳐간 어느 날들의 장면들을 따라가며 우리의 삶이 무엇으로 이루어져 있는지를 조용히 드러낸다. 어떤 시간들은 요약될 수 없다. 일방향으로 이어지지도, 하나로 귀결되지도 않는다. 그저 반복되고 멈추고 침묵하고 다시 시작하는 파편 속에 새겨질 뿐이다. 양의 파편적 기억 속에서 삶의 의미가 직조되듯 사람과 사람 사이의 관계 또한 숱한 장면들 속에서 이어진다.

3장에서는 AAC 중재의 구체적 장면에 주목한다. 호기심 어린 눈빛, 기울인 몸, 돌아오지 않는 대답, 침묵, 눈맞춤, 맞닿은 엄지의 감촉, 그리고 여전히 남아있는 온기. 6개월 동안 '나의AAC 언어치료 지원 프로그램'을 진행하며 마주했던 순간들을 재생해 보고, 프로그램 과정을 지켜본 보호자들의 이야기를 들어본다. 마지막으로 이 모든 과정을 기록한 다큐멘터리 〈말하지 않아도〉의 장면과 연출노트, 연계 기획 전시를 통해 우리가 연결되기까지 통과해 온 순간들과 그 시간 속에 새겨진 기억들도 돌아본다.

나의AAC
언어치료 지원
프로그램

'나의AAC 언어치료 지원 프로그램'은 2024년 12월부터 2025년 5월까지, 6개월에 걸쳐 서울과 수도권 네 곳의 언어재활센터— 서울시장애인의사소통권리증진센터, 에블:봄 운동발달센터, 엘씨드센터, 이화나래 언어학습연구소—에서 진행되었다. 지원 대상자는 총 12명(남성 7명, 여성 5명)으로, 만 4세에서 47세까지 폭넓은 연령대로 구성되었으며 지적장애, 자폐스펙트럼장애, 뇌병변장애, 차지증후군 등 각기 다른 유형의 장애를 가진 이들이 함께했다. 이 프로그램은 나의AAC를 포함한 AAC 기반 언어중재를 일정 기간 안정적으로 제공하며 그 과정에서 드러나는 변화를 통해 AAC 지원이 실제 삶 속에서 어떻게 작동하는지 살펴보고, 실질적인 효과를 위해 어떤 조건들이 필요한지 확인하고자 했다. 이를 위해 대상자들에게는 언어치료와 상담이 지원되었고, 치료에 필요한 태블릿 PC 등 AAC 기기가 함께 제공되었으며 협력기관에는 중재와 기록을 지속할 수 있도록 운영비가 지원되었다.

모든 중재는 담당 AAC 중재자가 대상자별로 초기 평가를 진행한 뒤 개별 맞춤형으로 설계되었다. 초기 평가에서는 대상자의 구어 산출 여부뿐 아니라 상징을 이해하고 다루는 능력, 일상에서의 의사소통 습관, 선호 활동과 회피 행동, 그리고 기기에 접근하는 신체적 조건(시선, 손 사용, 자세 안정성)까지를 함께 살폈다. 이 과정에서는 보호자 상담이 병행되었다. 치료실에서의 중재가 일상으로 이어지기 위해서는 보호자가 협력이 필수적이기 때문이다. 보호자 상담에서는 가정에서의 의사소통 방식이나 반복되는 요구 상황 등, 치료실에서는 포착하기 어려운 정보들을 수집했다. 이러한 정보들은 초기 평가 자료와 함께 AAC 중재자들이 대상자의 현재 상태를 보다 입체적으로 이해하고, 각자에게 맞는 중재 방향과 목표를 설정하는 중요한 기초가 되었다.

중재는 대상자별로 최대 48회기, 평균 45회기가 진행되었다. 이 시간 동안 12명의 대상자들은 AAC 중재자와 함께 소통의 경험을 쌓아 나갔으며, 중재자는 매 회기마다 대상자의 반응을 세밀하게 기록하고 진전 여부를 점검하며 중재 방향을 조정해 나갔다. 중재는 일정한 속도로 흐르지도, 선형적으로 진행되지도 않았다. 나아가다 멈춰 서기를 반복했고 때로는 이리저리 방향을 바꾸기도 했다. 그럼에도 의미 있는 시도들은 착실하게 쌓여갔고, 그 사이에서 미세한 변화들은 어김없이 감지되었다.

언어치료는 대개 길고 끝이 보이지 않는 과정이다. 그 무엇도 단정할 수 없는 시간 동안 반 발자국씩 느리게 나아가는 여정 속에서 변화는 언제나 조심스럽게 모습을 드러낸다. 그런 의미에서 보자면, '나의AAC 언어치료 지원 프로그램'이 진행된 지난 6개월은 어쩌면 지극히 단편적인 순간에 불과할지도 모른다. 그럼에도 불구하고 우리가 이 여정을 기록하는 이유는 마음과 마음이 만나는 순간, 그 구체적 장면들을 기억하기 위해서다. 그 속의 작은 성장을 격려하기 위해, 그리고 여전히 진행 중인 성장을 응원하고 지지하기 위해서.

세연의 시간

박세연　　　　여/25세

지적장애가 있는 세연은 자기를 표현하고자 하는 욕구가 분명하다. 누군가 말을 걸면 반응하려 애쓰고 자신의 생각이나 감정을 전하고 싶어 하는 마음도 크다. 표현은 주로 간단한 제스처나 짧은 발성에 의존한다. 그로 인해 가족이 아닌 사람들과의 소통에서는 종종 뜻이 어긋나거나 대화가 끊기기도 한다. 자주 접하는 어휘나 익숙한 상황에서는 그림 상징을 통해 비교적 안정적으로 의사를 표현할 수 있다. 반면 낯선 어휘나 추상적인 개념, 의문사나 부정 표현이 등장하면 이해가 더디어지고 반응이 늦어진다.

세연이 타자를 치는 것처럼 손가락으로 바닥을 두드린다.

"우리 컴퓨터 하려면 뭐가 필요했어요?"

선생님이 나의AAC 상황판 쪽으로 세연의 시선을 유도해 보지만, 세연의 손은 곧장 책상 위에 놓인 키보드를 가리킨다. 손가락으로 물건을 가리키거나 요구를 제스처로 표현하던 평소 습관 그대로다.

"AAC에서 한번 찾아볼까?"

선생님이 손으로 나의AAC를 직접 가리키고 나서야 세연은 상황판을 바라보다가 상징을 누른다.

키보드

"이것까지 한번 해볼까?"

이번에는 한 단어로 끝내지 않고 말을 이어 문장을 만들어 보게 한다. 선생님이 세연이 눌러야 하는 상징을 가리키며 정확히 알려주고 나서야 세연은 화면을 누른다.

아직은 상징의 위치를 찾는 일도 쉽지 않다. 원하는 말이 어떤 범주에 속하는지, 또 그것이 어떤 상징으로 표현되는지 헷갈리는 듯 세연의 손이 숫자 범주를 눌렀다가 다시 색깔 범주를 눌렀다가 한다. 이후로도 세연의 손은 한참 동안이나 화면 위를 이리저리 오간다.

겨우 원하는 상징을 찾아내고 나서도 세연의 표정은 그다지 밝

지 않다. AAC로 하고 싶은 말을 찾는 과정이 세연은 아직 낯설기
만 하다.

💬 20번째 만남

숫자에 한창 재미를 느끼는 세연을 위해 선생님이 숫자 블록 키트
를 꺼낸다. 일렬로 가지런히 쌓아 올려진 블록이 책상 위에 있다.
블록을 물끄러미 바라보던 세연의 시선이 비어 있는 칸에 멈춘다.
블록이 빠져 있는 자리, 세연이 빈칸을 채우고 싶어 하는 것을 선
생님이 알아차린다.

"여기? 어떻게 하고 싶어?"

세연이 눈을 깜박이며 잠시 생각하다 자연스럽게 **나의AAC** 쪽
으로 손을 옮긴다.

숫자

숫자 2

스스로 숫자 범주를 찾아 들어가 [2]를 누른 세연에게 선생님
이 한 번 더 묻는다.

"두 개? 두 개 어떻게 할까요?"

선생님의 질문이 끝나기도 전에 세연의 손이 상징을 찾아간다.

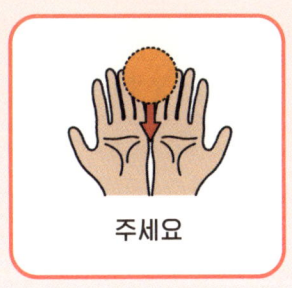

주세요

선생님이 빈 종이를 꺼내 세연 앞에 놓는다.

"여기다 뭐라고 써줄까요?"

질문이 끝나자마자 세연의 손이 곧바로 **나의AAC**로 향한다. 화면을 한 번 훑어본 뒤 곧바로 활동 범주를 누르고 유튜브 상징을 누른다.

유튜브

화면에 세연이 평소 즐겨 찾아보는 아이돌들이 차례로 나타난다.

[아이유] [뉴진스] [방탄소년단] ……

하지만 세연이 원하는 상징이 바로 보이지 않는다. 선생님이 도와줄까 싶어 옆에서 손을 내밀어 보지만 세연은 검지 손가락을 가볍게 흔들어 보이며 자기가 하겠다고 나선다. 급한 마음에 손가락이 화면 위에서 미끄러지기도 하지만 세연은 계속 시도한다. 두 장의 페이지를 넘기고 나서야 세연의 표정이 밝아진다.

"누구 써줄까요?"

[지수]

"지수?"

"응"

제일 좋아하는 블랙핑크의 지수를 고른 세연이 만족스러운 듯 엄지를 들어 올린다. 표정이 환하다.

최고예요

박세연과 보호자 홍병선

세연이는 사람을 좋아하는 밝은 아이에요. 외모에도 관심이 많고 아이돌을 좋아해요. 춤추는 것도 좋아하고요. 블랙핑크가 되고 싶은 자기만의 꿈을 가지고 있답니다.

Q. 일상에서 세연이와 주로 어떻게 소통하시나요?

집에서는 주로 손짓이나 몸짓 같은 제스처로 소통하는 편이에요. 유치원에 다닐 때부터 제스처를 많이 배웠거든요. 물 마시고 싶으면 컵을 쥐고 물 마시는 동작을 하고, 배고프면 주먹을 쥐고 입을 톡톡톡 쳐요. 몸이 피곤하면 이마를 손등으로 쓸어내리고요. 일상에서 많이 쓰는 표현들은 제스처를 쓰는 게 빠르고 편한 것 같아요. 세연이가 원하는 게 있을 때는 직접 사진을 찾아서 보여주기도 해요. 주로 옷이나 액세서리를 사달라고 할 때 인터넷 쇼핑몰에서 사진을 찾아서 보여주더라고요. 좋아하는 아이돌이 특정 프로그램에 입고 나온 옷을 그대로 사달라고 할 때도 있어요. 그럴 때도 인터넷으로 사진을 찾아서 보여주고요.

Q. 세연이와 소통하는 방법을 찾기까지 어떤 과정을 거쳐오셨나요?

세연이는 어렸을 때부터 치료를 진짜 많이 받았어요. 일주일을 빽빽하게 채워서 하루에도 몇 개씩 치료를 다닐 정도로 열심히 했어요. 걷게 만들려고 물리치료도 하고 균형 감각을 키워서 덜 넘어지게 하려고 감각통합치료도 했어요. 손가락 잘 쓸 수 있게 하려고 작업치료도 받았고요. 이렇게 여러 치료를 하면서 전반적으로는 어느 정도 성과가 있었어요. 그런데 유독 잘되지 않았던 부분이 언어 발화였어요. 사실 어린이집 다닐 때 선생님이 "이 친구는 앞으로 말을 못 할 것 같다"고 하셨어요. 당시 저로서는 도저히 받아들일 수가 없었죠. 그래서 글자를 가르치기 시작했어요. 언어치료센터도 다니고 집에서도 가르쳤죠. 저도 가르치고, 세연이 동생도 돕고요. 손의 소근육은 비교적 괜찮은 편이라 글씨를 쓰는 것 자체는 가능했거든요. 하지만 글로 의사소통까지 이어가기에는 한계가 있었어요. 종이와 연필이 항상 준비되어 있는 것도 아니었고, 막상 쓰려고 하면 단어가 바로 떠오르지 않을 때도 많았거든요. 어떤 날은

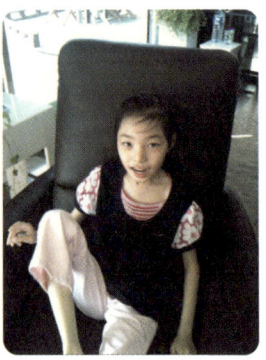

뭘 썼는지 알아보기가 어려워서 나중에 맞혀 보는 경우도 있었고, 어떤 날은 아예 단어를 생각해 내지 못해서 서로 답답해지기도 했죠. 그러다 보니 언어로 소통하려는 시도 자체가 점점 줄어들더라고요.

Q. AAC 중재를 언제, 어떤 계기로 시작하게 되었나요?

세연이가 5살부터 7살 때까지 어린이집을 다녔는데요. 그때 선생님의 제안으로 AAC 중재를 처음 시작했어요. 어린이집에 외부 치료사가 와서 중재를 해 주셨는데 그때는 사례도 많지 않았고 정해진 방식이 있는 것도 아니라서 치료사 선생님이 직접 공부하시면서 세연이에게 적용해 주셨던 것 같아요. 지금처럼 앱 기반 AAC를 쓰는 게 아니라 그림카드를 직접 만들어서 사용하는 방식이었어요. 집에서도 필요한 그림카드를 하나하나 만들고 출력해서 코팅까지 하면서 함께 준비했던 기억이 나요. 제스처도 그때 시작했고요.

당시만 해도 AAC를 쓰면 오히려 말을 못 하게 되는 게 아니냐고 걱정하는 사람들이 많았어요. 저 역시 어떻게든 발화를 시키고 싶은 마음이 컸는데요. 언어재활사 선생님께서 AAC 중재가 결국에는 발화에 도움이 된다고 말씀하시더라고요. 그 말을 듣고 발화를 기대하며 AAC 중재를 시작했어요. 유치원을 졸업하면서 AAC 중재를 한동안 쉬었다가 중학교 때 다시 2년 정도 진행했어요. 그러다 지금 다시 하고 있고요. AAC 중재 말고도 해야 할 치료가 워낙 많다 보니 꾸준히 이어가기에는 어려움이 많아요. 그래도 돌아보면 어렸을 때 AAC를 접한 경험이 세연이에게나 저에게나 꽤 중요한 출발점이었던 것 같아요.

Q. 나의AAC 언어치료 지원 프로그램을 통해 앱 기반 AAC 중재를 시작하며 기대하는 바는 무엇이었나요?

세연이의 경우에는 제스처를 많이 쓰기 때문에 상황에 따라서는 의미가 정확하게 전달되지 않을 수도 있어요. 가족들끼리는 맥락을 아니까 웬만하면 이해를 하지만 밖에서 낯선 사람과 소통할 때는 오해가 생기기 쉬워요. 예를 들어 새로 산 머리끈을 자랑하고 싶어서 세연이가 머리끈을 가리킬 때, 가족들은 '자랑하고 싶구나' 하고 알아요. 하지만 다른 사람들은 머리끈이 불편한 건지, 다시 묶어달라는 건지 알기 어렵잖아요. 제스처로는 세연이의 의도가 다 전달되지 않을 때나 낯선 사람에게도 의사를 전달해야 할 때, AAC 앱이 도움이 될 것 같았어요. 또 세연이가 표현하고 싶은 말이 있는데 그게 뭔지 스스로 바로 떠올리지 못할 때가 있어요. 그럴 때 AAC 앱 상황판에는 세연이가 자주 사용하는 어휘들이 정리돼 있으니까 화면을 보면서 표현을 찾아갈 수 있지 않을까 했고요.

Q. 가정에서는 중재 과정에 어떻게 협력하셨나요?

솔직히 집에서는 잘 쓰지 못했어요. 집에서는 태블릿을 켜고 앱을 여는 과정 자체가 좀 번거롭게 느껴졌기 때문이죠. 아이가 태블릿으로 AAC 사용하는 걸 '공부'라고 인식하는 면도 있고요. 그러다 보니 저 역시 나의AAC를 소통의 도구가 아닌 학습을 위한 도구라고 생각했던 부분이 있는 것 같아요. 사실 보호자인 제가 먼저 익숙해지고 잘 사용할 수 있어야 하는데, 정작 저부터가 앱을 쓰는 게 쉽지 않았어요. 디지털 기기에 익숙한 사람들은 금방 익힐 수 있을지 모르지만, 그렇지 않은 사람들에게는 그 과정 자체가 부담이 될 수 있잖아요. 그래서 좀 더 상세하고 친절한 보호자 교육이 필요하지 않나 하는 생각이 들어요. 기회가 된다면 제대로 배워 보고 싶어요. 저뿐만 아니라 모든 가족이 나의AAC를 같이 사용할 수

있으면 세연이에게도 더 좋지 않을까 생각해요.

Q. 나의AAC 언어치료 지원 프로그램에 참여하면서 가장 기억에 남는 순간이 있다면 언제인가요?

제일 놀랐던 순간은 세연이가 문장을 만들기 시작했을 때였어요. 예를 들어 휴지가 필요할 때, 예전에는 제스처로 '휴지'만 표현했다면, 나의AAC로는 '휴지' 다음에 '주세요'를 눌러서 문장으로 표현하더라고요. 휴지를 주고 나면 '고맙습니다'를 눌러서 인사 표현까지 이어갔고요. 아이돌 영상을 보고 싶을 때도 마찬가지였어요. 예전에는 아이돌 사진을 가리키거나 유튜브 앱을 가리키는 정도로 표현했다면, 치료실에서 나의AAC로 표현할 때는 'BTS', '보여주세요' 이렇게 문장을 만들더라고요. 그 모습이 너무 신기했어요. 특히 상징을 눌렀을 때 자기가 하고 싶은 말이 음성으로 나오는 걸 세연이가 좋아하는 것 같아요. 한때 아이유를 정말 좋아하던 시기가 있었는데 '아이유', '예뻐요'를 누르면서 너무 좋아하더라고요. 그걸 보고 선생님이 "맞아, 아이유 예쁘지" 맞장구를 쳐주니까 어찌나 행복해하던지……. 그런 게 대화잖아요. 뭔가 해달라는 요구에 응답하는 데서 끝나는 게 아니라 말을 주고받고 감정이 오가는 것. 아직은 자기가 좋아하는 거나 원하는 것을 표현하는 단계이지만, 경험이 쌓이다 보면 언젠가는 정말 대화하듯이 나의AAC를 사용할 수 있지 않을까 하는 기대도 조심스럽게 품게 돼요.

Q. 나의AAC를 통해 세연이의 일상은 어떻게 달라졌나요?

나의AAC로 중재를 하면서 세연이의 사고력이 확장되고 있는 걸 느꼈어요. 사람이 말을 하지 않으면 생각도 위축되기 쉽잖아요. 생각이 점점 단순해지고 하고 싶은 말도 없어지고 이해력도 떨어지고요. 반대로 공부를 하면 할수록 뇌가 발달한다고 하잖아요. 세연이도 마찬가지인 거 같아요. AAC 중재를 하면서 세연이의 관심사가 더 다양해졌어요. 어떤 때는 색깔에 꽂혀서 태블릿으로 원하는 색깔 표현하는 데 집중하더니, 또 어떤 때는 숫자에 관심을 보이며 개수 표현을 많이 하더라고요. 예를 들어 휴지를 달라고 할 때도 예전처럼 '휴지'만 얘기하는 게 아니라 '2개 주세요', '3개 주세요',

이런 식으로 좀 더 구체적으로 요구하는 거죠.

감정 표현도 좀 달라진 것 같아요. 세연이가 신체적인 컨디션에 대해서는 어느 정도 표현했지만 감정 표현은 많지 않았거든요. 일차원적이라고 해야 하나요? 좋다, 싫다 정도의 단순한 표현에만 머물러 있었어요. 그런데 세연이를 오래 돌봐주시던 증조할머니가 돌아가신 뒤, 어느 날 세연이한테 "할머니 어디 가셨어?"하고 물었더니 세연이가 두 손을 모아서 잠자는 제스처를 보이고는 입을 쭉 내밀며 울상을 짓더라고요. 할머니가 돌아가신 모습을 직접 봤는데 그때 세연이 눈에는 할머니가 주무시는 것처럼 보였던 것 같아요. 그래서 할머니는 주무시고 계시고 이제는 만날 수 없어 슬프다는 감정을 그렇게 표현한 게 아닐까 싶었어요. 자기 경험이나 감정을 표현하는 데 이야기가 생겼다고 해야 하나요?

Q. 앞으로 세연이와의 소통에서 바라는 점이 있다면 무엇인가요?

세연이는 유독 연하기능(음식이나 물을 삼키는 기능)에 문제가 있어서 감기에 걸리면 가래를 제대로 뱉지 못하고 꼭 폐렴까지 가는 일이 많아요. 이번 크리스마스 주간에도 계속 병원에 있었고요. 그래서 저는 늘 세연이 등에 귀를 대고 숨소리를 들어봐요. 숨이 조금만 달라져도 놓치지 않으려고요.

한번은 세연이 발가락이 유난히 빨갛더라고요. 제가 만지니까 그제야 "악" 하고 아프다는 반응을 보여요. 알고 보니 신고 있던 신발 때문에 발가락이 아팠던 거였어요. 그런데 그걸 말로 표현하지는 못하니까 발가락이 빨갛게 되도록 그 신발을 계속 신고 다녔던 거죠. 그때 '이 신발을 신으니까 발가락이 아파'라고 표현만 할 수 있었어도 그렇게까지 아프지는 않았을 텐데 하는 생각이 들었죠. 저는 그저 세연이가 자기 몸 상태를 조금만 더 구체적으로 표현할 수 있었으면 하고 바라요. 어디가 어떻게 불편한지, 어디가 아픈지를요. 그렇게만 되면 치료에도 도움이 되고 돌보는 입장에서도 훨씬 덜 불안할 것 같거든요.

Q. 세연이에게 AAC는 어떤 의미인가요?

예전에 어린이집에 다닐 때, 이 아이는 앞으로 말을 못 할 것 같다는 이야기를 들은 적이 있다고 했잖아요. 그때는 도저히 받아들일 수가 없어서 발화를 시키려고 누구보다 열심히 치료를 찾아다녔고요. 돌아보면 참 열심히 했던 것 같아요. 저나 세연이나……

이제는 그 말을 받아들이게 됐어요. 그리고 살아가는 데 필요한 치료나 교육을 해야겠다고 생각하게 됐죠. 말은 하지 못하더라도 이 아이는 계속 살아가야 하니까요. AAC도 그중 하나인 것 같아요. 세연이가 계속 살아내기 위해 필요한 표현 도구라고나 할까요. 그런 도구는 많으면 많을수록 좋다고 생각해요.

Q. 끝으로 AAC 중재를 고민하고 있는 보호자들에게 꼭 하고 싶은 말이 있을까요?

엄마들은 아이를 늘 가까이에서 관찰하잖아요. 그래서 표정이나 움직임의 아주 미세한 변화만 봐도 아이가 뭐가 필요한지 미리 알아차리고 대신 해 주는 경우가 많죠. 저 역시 세연이의 표정만 봐도 무슨 말을 하려는지 알아차릴 때가 많아요. 그런데 그렇게 대신 해주다 보면 오히려 아이가 스스로 표현할 기회를 잃게 되는 것 같더라고요. 표현을 하지 않으면 점점 더 어려워지는 느낌도 있고요.

세연이는 제스처를 많이 쓰지만 그림카드도 쓰고 나의AAC도 함께 사용하면서 표현력이 훨씬 좋아졌어요. 특히 나의AAC는 아이가 직접 찾고, 선택하고, 순서대로 눌러가면서 자기 욕구를 표현하게 하잖아요. 그 과정 자체가 학습이 되고 사고력을 키우는 것 같아요. 색깔도 배우고 숫자도 배우고 감정 표현이나 추상적인 개념 같은 것들도 자연스럽게 접하게 되고요.

세연이처럼 발화에 기능적인 어려움이 있는 경우는 어렵겠지만 그렇지 않은 아이들은 AAC를 통해서 발화로도 이어질 수 있다고 생각해요. 돌이켜 봤을 때, AAC 중재를 빨리 시작하는 편이 좋은 것 같아요. 너무 두려워하지 않으셨으면 해요. 아이가 쓸 수 있는 표현 도구를 하나 더 쥐여준다고 생각하면 조금 더 쉽게 접근할 수 있지 않을까 싶어요.

희람의 시간

신희람   남/14세

희람은 발달장애평가 척도(GAS) 30점 이하의 최중증장애로 뇌병변장애와 자폐성장애가 있다. 자발적으로 의사소통을 시작하는 일이 드물고 중재자의 촉구가 있을 때에야 겨우 의사를 표현한다. 싫은 것을 분명히 거부하지도, 원하는 것을 적극적으로 요구하기도 어렵다. 주어진 상황을 그대로 받아들일 수밖에 없는 수용적인 태도 속에서 희람의 마음을 알아내기란 쉽지 않다.

희람과 선생님이 마주 앉는다. 선생님의 시선은 희람을 향하지만 희람은 끝내 눈을 마주치지 않는다.

"하고 싶은 거 있어?"

선생님의 질문에 희람이 작게 고개를 끄덕인다. 선생님이 나의 AAC 상황판이 켜 있는 태블릿을 희람 쪽으로 내민다. 지난 시간에 한번 다뤘던 활동들이 화면에 그대로 배열되어 있다. 하지만 희람은 도통 관심이 없다.

"여기 봐봐. 여기 우리 상징 찾아보고 했었잖아."

희람이 잠시 태블릿 쪽으로 시선을 돌리는 듯하더니 이내 고개를 다시 떨군다.

"여기 봐봐."

선생님의 목소리에 조금 더 힘이 실리지만 희람은 대답 대신 애꿎은 손만 만지작거린다. 선생님이 희람의 손을 잡아 태블릿 쪽으로 이끌어 보지만 희람의 관심을 끌지는 못한다. 아직은 AAC로 무엇을 할 수 있는지, 이 화면이 어떤 의미인지 희람에게 닿지 않은 듯하다.

모르겠어요

"뭐 하고 싶어?"

의자를 끌어당겨 앉은 희람의 손이 곧장 **나의AAC**로 향한다.

좋아요

나의AAC 상황판에서 상징을 누르는 희람의 모습이 이제 제법 자연스럽다. 아직은 맥락에 꼭 맞는 선택보다는 익숙한 상징에 먼저 손이 가지만, 선생님의 촉구 없이도 스스로 상징을 찾기 시작했다.

"아니야. 뭐 하고 싶어?"

이번에는 희람의 손이 활동 범주로 향한다. 하지만 상징을 누르기까지 잠시 머뭇거리는 희람, 선생님은 아무 말 없이 기다린다. 희람이 천천히 상징을 고른다.

바로 유튜브를 연결해 주지 않고 선생님이 다시 묻는다.
"유튜브 볼까? 뭐 볼 거야?"
이번에는 희람의 손이 거침없이 움직인다.

보고 싶은 채널을 선택할 줄 알았던 희람이 간식을 요구한다. 그새 책상 한쪽에 놓여 있던 약과를 본 모양이다.

"간식 먼저 먹을 거야?"

태블릿 화면만 바라보던 희람이 선생님을 보고 고개를 끄덕인다.

🗨 30번째 만남

나가요

희람이가 치료를 받다 말고 나가자고 한다.

뭘 시켜도 좀처럼 거절하지 않고 시키는 대로 묵묵히 하던 희람이가 먼저 나가자고 하니 선생님은 오히려 반갑다.

"그래, 나가자. 화장실에 갈 거야?"

선생님이 화장실 상징을 누르며 다시 묻는다.

화장실 가요

"화장실에 갈 거야? 안 갈 거야?"

희람이가 고개를 가로젓는다.

"싫어?"

싫어요

요사이 희람이의 거부 의사는 부쩍 또렷해졌다. 늘 수용적인 태도만 보이던 희람이의 변화가 선생님은 기특하고 고맙다.

희람이가 손에 쥐고 있는 그림카드를 선생님이 대신 정리해 주려 하자, 희람이의 손에 힘이 들어간다.

"이거, 카드 넣는 거 선생님이 해도 돼?"

선생님의 말이 끝나기가 무섭게 희람이가 고개를 가로젓는다.

어쩐지 표정마저 단호해 보인다.

희람이의 고집스러운 모습에 선생님이 웃음을 터뜨리고 만다.

신희람과 보호자 임지숙

희람이는 자조가 안 되고 이상한 소리를 내거나 쪼그리고 앉아 안 움직여서 저를 힘들게 할 때도 있지만 저에게 희망이고 보람이 되는 존재예요. 놀이나 상호 작용은 어려운 편이고요. 올해 중학생이 됩니다.

Q. 일상에서 희람이와 주로 어떻게 소통하시나요?

희람이가 원체 표현이 없는 편이었어요. 인지가 부족해 배가 고프거나 아파도 거의 표현을 못 하다 보니 제가 아이를 살피면서 알아서 구조적으로 생활을 짜 왔던 것 같아요. 이쯤 되면 배고플 것 같으니 미리 간식을 주고 물을 챙겨 주고 화장실도 미리미리 데려가고요. 대소변 의사를 표현할 수 없으니 실수가 잦아, 희람이 상태를 예측해서 움직이는 편이었죠. 저는 항상 희람이 머리끝부터 발끝까지 살펴봐요. 희람이가 중이염에 잘 걸리는 편이라 귀에 염증이 생기지는 않았는지 냄새를 맡아가며 확인하기도 하고요.

Q. 희람이와 소통하는 방법을 찾기 위해 어떤 과정을 거쳐오셨나요?

언어치료는 20개월 무렵부터 시작해서 쉰 적이 거의 없어요. 병원 언어치료부터 시작해서 좋다는 곳은 거의 다 다녀본 것 같아요. 지역도 가리지 않았고요. 하루 종일 재활치료를 하고 와도 이걸로는

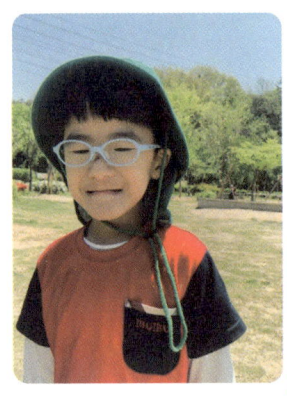

어딘가 부족하다 싶어서 개인 치료를 하나 더 붙이기도 했어요. 사람 마음이 참 이상해요. 걷지 못할 때는 걷기만 했으면 좋겠다 그랬는데 물리치료로 걸을 수 있게 되니까 또 말만 했으면 좋겠다 싶은 거예요. 발화에 대한 끈을 쉽게 놓지 못하겠더라고요. 그렇게 열정적으로 치료를 다니다가 아이가 너무 자주 아프고 체력적으로도 힘들어하는 모습을 보면서 이건 아니다 싶었어요. 말이 아니어도 좋으니 어떻게든 자기 의사를 표현해 주면 좋겠다는 마음이 들었죠.

Q. AAC 중재를 언제, 어떤 계기로 시작하게 되었나요?

희람이는 어려서부터 많이 아팠고, 병원 치료도 자주 받았어요. 그러다 보니 고통에 대한 역치가 굉장히 높은 편이에요. 아파도 아프다는 표현을 거의 못 해서 저희 부부는 항상 마음을 졸이죠. 한번은 희람이 새끼발가락이 골절된 적이 있었어요. 그때도 아프다는 표현이 전혀 없어서 한 달이나 지나서야 알게 됐죠. 그런데 그게 끝이 아니었어요. 어느 날 아이가 절뚝거리며 걷는데 이유를 알 수가 없더라고요. 별다른 외상도 없었거든요. 아파서 그러는 건지, 원래 가지고 있는 류마티스 때문인지 판단이 서지 않았어요. 게다가 다리를 절면서도 아이가 웃는 모습을 보이니까 그게 자폐상동행동인지, 아니면 보호자의 관심을 끌기 위한 행동인지 헷갈리더라고요. 저뿐 아니라 의사도 판단하기 어려워했는데 알고 보니 무릎 연골판이 파열된 상태였죠.

이런 일들을 겪고 나니, 아이가 자기 상태를 표현할 수 있는 방법이 꼭 필요하다는 생각이 들었어요. 아이의 건강을 지키기 위해서라도요. 이전에도 여러 언어치료센터에서 AAC 중재를 받아본 적은 있었어요. 다만 그때는 부분적으로 시도해 보는 수준이었고, 꾸준히 이어지지는 못했죠. 본격적으로 AAC 중재를 시작하게 된 건 '나의AAC 언어치료 지원 프로그램' 참여를 권유받으면서부터 였어요.

Q. AAC 중재를 시작하며 가정에서는 어떻게 협력하셨나요?

처음에는 아이가 AAC에 거부감을 느끼지 않게 하는 게 가장 중요하다고 생각했어요. 그래서 희람이가 좋아하는 음식이나 물건, 사람 사진을 상황판에 많이 넣어줬죠. 태블릿만 사용하는 게 아니라, 상징을 출력해서 집 안 곳곳에 비치해 놓기도 했어요. 자기가 필요한 게 있으면 언제든지 카드를 찾아 저에게 가지고 올 수 있도록요. 또 AAC를 사용하려면 기본적으로 사물이나 상징을 보고 의미를 알아야 하잖아요. 희람이는 인지적인 부분에서 그게 쉽지 않아서 그 과정을 특히 반복적으로 연습했어요. 사진이나 동화책으로도 하고 하다못해 전단지를 들고 다니면서도 "이게 뭐야?" 하고 계속 물어보면서 사물과 이름을 연결하는 연습을 반복했던 것 같아요.

또 희람이에게 소통의 경험을 자꾸 만들어 주고 싶어서 AAC로 요구하는 건 웬만하면 다 들어주려고 노력했어요. 케이크를 누

르면 조각 케이크라도 사주고 우연히라도 편의점에 가고 싶다고
AAC로 표현하면 같이 가고요. 자기가 원하는 걸 표현하면 반응이
따라온다는 걸 경험해야 더 많이 표현하게 될 것 같았거든요. 동시
에 희람이에게 필요하겠다 싶은 표현이 있으면 상황판에 바로바로
추가해 줬어요. 앱 안에서 검색해서 넣어 주기도 하지만, 직접 사진
을 찍어서 추가해 주는 경우가 더 많아요. 희람이에게 익숙한 그림
이나 사진으로 상황판을 구성하는 게 도움이 되는 것 같아서요. 처
음에는 태블릿을 켜면 자꾸 유튜브로 넘어가는 모습을 보여서 유
튜브 사용 제한을 설정해 두었는데요. 요즘에는 유튜브를 보다가
도 다시 AAC 앱을 켜더라고요. 상징을 하나하나 눌러 보면서 소리

를 듣고 한참 들여다보기도 해요. 제 눈에는 그게 나름대로 공부를 하고 있는 것처럼 보이기도 하더라고요.

Q. **나의AAC 언어치료 지원 프로그램에 참여하면서 가장 기억에 남는 순간이 있다면 언제인가요?**

한번은 보호자 대기실에서 희람이 치료가 끝나기를 기다리고 있었는데요. 희람이가 나오더니 나의AAC로 '편의점', '김밥' 이렇게 두 개의 상징을 연달아 누르는 거예요. 마침 다른 보호자들도 대기실에 함께 있었는데 다들 너무 놀라셨어요. 맨날 희람이가 이상한 소리를 내며 방방 뛰거나 소파에 누워 있는 모습만 보시다가 자기가 원하는 걸, 그것도 두 낱말로 표현하는 모습을 처음 보신 거죠. 다들 희람이가 이렇게 의사 표현을 할 수 있는 아이였냐며 기특해하시고 다 같이 박수를 쳐주셨어요. 그 장면이 아직도 기억에 남아요.

아마 희람이도 기분 좋았을 것 같아요. 희람이가 평소에 '생일 축하해요' 상징을 자주 누르거든요. 동영상으로 생일 축하 노래도 찾아서 보고요. 처음에는 왜 저걸 계속 누를까 싶었는데, 가만히 보다 보니 생일 축하하는 분위기를 좋아하는 것 같더라고요. 사람들이 같이 박수 치고 환대해 주고 따뜻하게 축하해 주는 그 느낌 자체를요. 희람이는 자기 감정을 상황에 맞게 일반화해서 표현하는 게 아직 어려워요. 그러다 보니 혼자 있을 때나 심심할 때 종종 저한테 와서 '생일 축하해요'를 누르고 같이 박수 치고 노래 부르자고 하거든요. 저는 그게 단순한 반복행동이나 놀이로만 보이지는 않아요. 어떻게 표현해야 할지는 모르지만 따뜻한 감정을 느끼고 싶고 누군가와 그걸 나누고 싶은 게 아닐까 싶은 거죠. AAC 중재를 하면서 저도 희람이에 대해 점점 더 많이 알아가는 것 같습니다.

Q. 나의AAC를 통해 희람이의 일상은 어떻게 달라졌나요?

나의AAC를 쓰면서 희람이의 인지 자체가 좀 확장되고 있는 것 같아요. 나의AAC가 시각적이잖아요. 그림 상징도 있고 사진도 넣을 수 있고요. 그런 시각적인 자극이 일반화하는 데 도움이 되는 것 같아요. 일단 희람이 스스로 나의AAC가 자기한테 필요하다는 걸 인지하고 있어요. 어디 갈 때는 자기가 직접 태블릿을 들고 오거든요. 태블릿 사용할 때도 비밀번호를 설정해 두고 무조건 나의AAC부터 켜도록 하고 있어요. 비밀번호를 풀어달라고 태블릿을 가져오면 제가 나의AAC를 켜서 뭘 하고 싶은지 물어보는 거죠. 유튜브를 보고 싶어도 유튜브 앱으로 바로 들어가는 게 아니라 나의AAC에서 '유튜브', '보고 싶어요' 상징을 눌러야 보여주는 식으로요. '카페 가요'나 '수영장 가요'도 많이 요구해요. 조부모님을 좋아해서 '할머니', '할아버지' 상징을 누르기도 하고요.

장소를 이동하거나 뭔가 선택해야 하는 상황에서 희람이가 AAC로 의사를 표현하기 시작하니 불필요한 오해나 문제행동이 많이 줄었어요. 예전에는 이유도 없이 이상한 소리를 내며 팔짝팔

짝 뛰기도 하고 방바닥을 쳐서 층간소음을 유발하기도 하고 빙글빙글 돌거나 주변을 어지르는 행동을 많이 했거든요. 제가 희람이의 의사를 오해하는 경우도 많았고요. 예를 들어 치료가 끝나고 제가 "햄버거 먹으러 갈래?"라고 물으면 희람이가 이상한 소리를 내거나 흥분한 모습을 보이곤 했어요. 그럼 저는 햄버거 먹으러 가는 게 좋아서 그런가 보다 하고 혼자 해석했죠. 그런데 요즘에는 제가 그렇게 물어보면 희람이가 나의AAC를 꺼내서 '집에 가요'를 눌러요. 그래서 햄버거 가게 말고 집에 가자고 말해주면 더 이상 소리를 내지 않고 조용해져요. 또 배가 고프면 희람이가 혼자 냉동실을 열어서 냉동밥을 그대로 꺼내 먹는다든지 냉동해 둔 치즈케이크를 해동도 하지 않고 먹는 일이 있었거든요. 그런데 요즘은 먹고 싶은 게 있으면 저한테 AAC를 들고와서 먼저 표현을 해요. 케이크, 김밥, 호두과자 같은 것들이요. 그러면서 제가 챙겨줄 수 있게 된 건 물론이고, 아이가 혼자 해결하려다가 위험한 상황으로 가는 일도 줄어들었어요.

Q. AAC 중재 이전과 이후, 보호자님의 소통 방법에도 달라졌다고 느끼는 부분이 있나요?

예전에는 제가 희람이 대신 결정을 내려주는 경우가 대부분이었어요. 아이가 표현을 잘 못 하다 보니 보호자인 제가 편하다고 생각하는 방향으로 상황을 정리하게 되더라고요. 예를 들어 학교에서 소풍을 가면, 선생님이 희람이 점심 메뉴를 상의하려고 저한테 미리 연락을 주세요. 예전 같으면 제가 "비빔밥이 먹기 편하니까 그냥 그걸로 해 주세요" 하고 혼자 결정했다면, 이제는 희람이에게 직접 선택할 기회를 주려고 해요. "희람아, 내일 소풍 가는데 김밥이 있고, 짜장면이 있고, 소불고기 덮밥도 있어. 너 뭐 먹을래?" 하고 AAC 상황판에서 메뉴를 검색해서 하나하나 보여주는 거죠. 이런 식으로 희람이에게 선택권을 주려고 노력하게 된 것 같아요.

Q. 앞으로 희람이와의 소통에서 바라는 점이 있다면 무엇인가요?

병원 진료를 볼 때마다 겪는 일인데요. 의사 선생님이 약을 얼마나 더 써야 하고 어떤 검사를 더 해야 하는지 판단하기를 어려워하세요. 희람이가 비장애인 아이들처럼 "어디가 얼마나 아파요"라고 말할 수 없으니까요. 실제로 류마티스 관절염도 발견이 늦었어요. 어릴 때부터 손바닥을 보거나 손가락을 꺾는 행동을 보였는데 그걸 상동행동으로만 생각했거든요. 나중에 보니 관절이 굳어서 제대로 굽혀지지 않더라고요. 만약 그때 아이가 아프다고, 불편하다고 말할 수 있었더라면 조금 더 일찍 치료를 받을 수 있지 않았을까 하는 아쉬움이 커요. 그래서 희람이가 자기 몸 상태만이라도 조금 더 구체적으로 표현할 수 있었으면 해요. 어디가 불편한지, 얼마나 아픈지, 지금 컨디션이 어떤지처럼요. 그런 표현이 가능해지면 희람이도 덜 힘들 거고 돌보는 입장에서도 훨씬 도움이 될 것 같아요.

그렇게 아이의 삶의 질이 좋아졌으면 하는 바람이에요. 최근에는 나의AAC에 '추워요'라는 표현을 추가해 줬는데요. 춥다는 표현만 할 수 있어도 따뜻한 옷을 주든, 실내 온도를 올리든 바로 조치를 취할 수 있잖아요. 그러면 감기도 덜 걸릴 수 있고요. 희람이는 류마티스 관절염이 있어서 특히 추위에 약한데 이런 표현 하나만 할 수 있어도 몸 컨디션이 달라질 수 있을 것 같아요.

이 모든 과정의 목표는 결국 희람이의 자립이에요. 저희가 항상 곁에 있을 수는 없잖아요. 언젠가는 다른 사람들의 도움을 받으며 살아가야 할 텐데, 그때 희람이가 어떤 방식으로든 자기 의사를 표현할 수 있어야 하지 않을까 생각해요. 말이 아니더라도요. 그래야 희람이가 혼자 살아갈 때도 조금은 덜 불편할 것 같아요.

Q. 희람이에게 AAC는 어떤 의미인가요?

희람이에게 AAC는 자기를 표현할 수 있는 하나의 도구이자 통로라고 생각해요. 예전에는 그런 통로가 거의 없었던 것 같아요. 밖에 나가고 싶어도 말로 표현하지 못하니까 그냥 현관에 쪼그려 앉아 있거나, 이상한 괴성으로만 신호를 보내는 식이었거든요. 자폐 아이들이 보이는 행동 중에는 의미를 알기 어려운 것들도 많잖아요. 돌발행동을 한다든지 같은 행동을 반복한다든지요. 그럴 때마다 '이게 무슨 뜻이지?', '뭘 하자는 걸까?' 하고 혼자서 계속 해석해야 했어요.

그런데 AAC를 사용하면서 아직은 서툴지만 희람이가 자기가 진짜 말하고 싶은 걸 표현할 수 있는 길이 조금씩 생기고 있다는 느낌을 받아요. '편의점', '김밥'처럼 구체적인 단어를 조합해서 표현할 수 있게 되니까, 예전처럼 행동만 보고 추측하는 게 아니라 서로 이해할 수 있는 지점이 생기더라고요. 앞으로 AAC 경험이 더 쌓이면 희람이가 왜 짜증이 나는지, 왜 답답해하는지, 지금 뭘 원하고 있는지를 저도 이해할 수 있게 되지 않을까요?

Q. 끝으로 AAC 중재를 고민하고 있는 보호자들에게 꼭 하고 싶은 말이 있을까요?

음식점에서 주문할 때 말을 할 수도 있지만 키오스크를 사용할 수도 있잖아요. 학교에서도 노트에 손으로 필기할 수도 있고, 태블릿으로 앱을 활용해 기록할 수도 있고요. 그런 것처럼 AAC도 우리가 선택해서 사용할 수 있는 여러 의사소통 방식 중 하나라고 생각해요. AAC는 말을 대신하는 도구라기보다 아이가 자신의 생각과 요구를 어떻게 전달할 수 있는지 배우는 하나의 과정에 가깝다고 느끼죠.

AAC를 일상에서 사용하려면 보호자의 역할이 중요한 것이 사실이에요. 그래서 처음부터 무리해서 완벽하게 하려고 하기보다는 각 가정의 상황에 맞게 할 수 있는 만큼만 이어가는 게 현실적이라고 생각해요. 하루 십 분씩만 해도 괜찮고 식사 전에 메뉴를 고를 때만 사용해도 충분해요. 그런 작은 경험들이 쌓이면서 자연스럽게 일반화로 이어질 수 있으니까요. 너무 몰입하지 않으셨으면 좋겠어요. 기대가 커질수록 결과가 그만큼 따라오지 않을 때 실망도 커지고 그러다 보면 쉽게 지치게 되거든요. 그러면 어떤 치료든 오래 가기 어렵더라고요. 아이에게 쏟는 에너지도 필요하지만, 다른 가족에게도, 그리고 나 자신에게도 에너지를 나눠 쓰는 게 중요한 것 같아요. 장애는 극복할 수 있는 게 아니잖아요. 저도 예전에는 조급한 마음에 좋다는 건 거의 다 해봤어요. 미신부터 최신의학까지, 돈이 얼마가 들더라도 누가 어디서 효과를 봤다고 하면 당장 쫓아가서 치료를 받았죠. 지금 돌아보면 그때는 너무 급하게 뭔가를 바라고 있었던 것 같아요. 장애 아동을 키우는 일상이란 매일 밭을 일구는 일상과 닮아 있는 것 같아요. 오늘 밭에 씨를 뿌렸다고 내일 당장 열매가 맺는 게 아니잖아요. 꾸준하게 천천히, 지치지 않도록 내가 가진 에너지와 비용, 시간을 잘 분배하는 게 중요한 것 같아요.

마지막으로 꼭 전하고 싶은 말은 지금 이 순간에도 보호자분들은 각자의 자리에서 충분히 최선을 다하고 있다는 거예요. 저도 예전에는 아이가 아플 때마다 '내가 뭘 잘못해서 그런 건 아닐까', 하는 생각을 참 많이 했던 것 같아요. 보호자 입장에서는 아이가 더 나아질 수 있는 기회를 나 때문에 놓치고 있는 건 아닌지, 항상 조바심이 날 수밖에 없거든요. 그런 시간을 지나고 나서야 우리 모두 사실은 그 순간순간 최선을 다하고 있었구나, 하는 생각이 들더라고요. 그래서 지금은 어떤 선택을 했든, 그 결과가 어떻게 보이든 부모의 잘못은 아니라고 말해주고 싶어요. 지금 AAC 중재를 선택하지 않고 다른 치료를 하고 계셔도, 그것 역시 그 시점에서 할 수 있는 최선의 결정이라고 생각해요. 너무 죄책감을 갖지 않으셨으면 좋겠고, 너무 무리하지도 않으셨으면 해요. 저 역시 힘들 때 다른 보호자분들의 사례집을 찾아보거나 조언을 들으면서 많은 도움을 받았거든요. 제 이야기도 누군가에게 작은 위로가 되었으면 좋겠어요.

지호의 시간

권지호   남/8세

자폐성장애가 있는 권지호(남/8세)는 구어 표현이 거의 없는 상태로 AAC 중재를 시작했다. 평소 원하는 것이 잘 전달되지 않거나 낯선 상황에 놓이면 울거나 발을 구르며 소리를 지르곤 한다. 그림 상징에 대한 이해가 높은 편이지만, 상징을 사용할 때 의미와 상관없이 반복적으로 누르는 모습을 자주 보인다.

나의AAC를 앞에 두고 지호와 선생님이 나란히 앉는다. 오늘 날씨가 어떤지, 누구와 치료실에 왔는지, 뭘 타고 어떻게 왔는지, 끝나고 어디에 갈 건지, AAC로 일상적인 대화를 나누는 것이 지호와 선생님만의 루틴이다. 그런데 오늘따라 뭐가 그리 급한지 지호는 선생님의 말도 듣지 않고 화면을 누르고 싶어 안달이다.

놀이터 가요

벌써 몇 번째 놀이터 상징을 누르는지 모른다. 대화는 시작도 못 하고 있다.

"놀이터 아니야. 오늘 아니고, 다음에."

놀이터 상징을 누르고 싶어서 지호가 태블릿을 쥐고 놓지 않는다. 선생님이 지호를 진정시키기 위해 태블릿을 조금 떨어뜨려 놓는다. 그러자 갑자기 지호가 의자를 뒤로 밀며 일어나 문 밖으로 나가려 한다.

"지호, 아직 안 끝났어."

선생님이 문을 막고 수업을 계속하려 해보지만, 지호는 그럴 생각이 없는 듯 치료실을 서성이다가 급기야 선생님을 등지고 바닥에 주저앉는다.

"마음대로 할 수 없어. 수업 다 하고 나가야지."

선생님이 다가가 지호를 일으켜 보려 하지만 지호는 별안간 소리를 지르며 바닥에 드러눕는다.

대자로 누운 채 울상을 지으며 짜증을 내는 지호를 선생님이 단호하고 차분한 목소리로 타이른다.

"이거 먼저 하고, 다음에 엄마한테 '놀이터 가요' 하고 말하자."

'다음에'라는 말에 지호가 발을 쿵쿵 구르며 소리를 지른다. 선생님이 아랑곳하지 않고 지호를 일으켜 세우려 한다. 그래도 지호는 여전히 앉을 생각이 없다. 딴청을 부리다 바닥을 세차게 구르며 뛴다. 원하는 것을 얻지 못할 때 지호가 자주 하는 문제행동이다. 선생님은 자리에 앉아 지호의 기분이 누그러지기를 잠시 기다린다.

"자, 이제 의자에 앉으세요."

잠시 후, 지호도 겨우 의자에 앉는다. 하지만 여전히 분이 풀리지 않는다는 듯 태블릿을 마구잡이로 누른다. 화풀이하듯 아무 상징이나 있는 힘을 다해 꾹 누르는 지호의 엄지에 심통이 가득하다.

지호가 과자 상자 한 통을 들고 들어온다.

　간식을 유난히 좋아하는 지호는 소중한 것이라도 되는 양 상자
를 꼭 붙들고 있다.

　"지호야, 과자 가지고 왔어?"

　"어."

　자랑스럽게 대답하는 지호에게 선생님이 조금 어려운 제안을
해본다.

　"과자는 언제 먹어요?"

　선생님이 과자 대신 **나의AAC**를 내밀자, 지호는 자연스럽게 상
징을 찾는다.

쉬는 시간

간식 먹어요

　능숙하게 두 낱말로 대답하는 지호의 모습에 선생님의 얼굴에
미소가 번진다.

"쉬는 시간에 먹어도 괜찮아요?"

"어."

선생님이 과자를 들어 보이며 다시 확인하자, 지호는 대답을 하면서도 딴청을 부린다.

지금 당장 먹지 못하는 것이 못내 아쉬운 모양이다.

"과자를 선생님이 가지고 있을까? 아니면 책가방에 넣을래?"

다시 AAC를 내밀자, 지호가 잠시 망설이다 상징을 누른다.

선생님이 책상 위에 과자 상자를 내려놓자 지호가 기쁜 듯 얼른 끌어당겨 상자의 뜯는 곳을 살핀다.

"쉬는 시간에 먹기로 했잖아."

선생님의 말에 지호가 멋쩍은 웃음을 지으며 과자를 내려놓는다. 잠시 과자를 만지작거리던 지호가 아쉬움이 채 가시지 않은 얼굴로 과자를 책가방에 집어넣는다.

최고예요

"우리 지호 최고야!"

떼쓰지 않고 잘 참아낸 지호에게 선생님이 엄지를 들어 올리며 아낌없이 칭찬한다.

선생님의 엄지에 자기 엄지를 맞대는 지호의 얼굴에도 미소가 번진다.

●30번째 만남

"오늘 날씨 어때요?"

선생님이 지호의 일과를 물으며 수업을 시작한다.

지호가 나의AAC를 끌어당겨 날씨 범주에 들어 있는 그림 상징들을 살펴본다. 그러더니 이내 자신만만한 손길로 상징 하나를 꾹 누른다.

비가 와요

지호가 망설임 없이 나의AAC로 오늘의 날씨를 답하자 선생님
이 깜짝 놀란다. 늘 차분하던 선생님의 목소리가 금세 상기된다.

"맞아요. 비가 오지. 지호야 잘했어."

선생님이 지호의 어깨를 와락 감싸며 토닥인다.

"또! 그럼 지호는 지금 어때요? 더워요? 추워요?"

이번에는 지호가 AAC 대신 선생님 얼굴을 올려다보며 옹알댄다.

"무…무…"

발음은 또렷하지 않지만 지호에게 분명 하고 싶은 말이 있다.

"뭐가 필요해?"

선생님이 지호의 시선을 자연스럽게 AAC로 이끌자 지호가 기
다렸다는 듯이 상징을 고른다.

물 마시고 싶어요

"물 마시고 싶어?"
"어."

지호는 이제 자신의 기본적인 욕구를 AAC로 전달할 수 있다.
하고 싶은 것, 가고 싶은 곳, 먹고 싶은 것, 도움이 필요한 순간까지.
AAC로 상징을 찾는 손놀림도 한층 자연스러워졌다. 요사이에는
AAC로 상징을 고르는 과정조차 답답한지 자꾸 말부터 먼저 꺼내
려 한다.

"오…오…"
한창 수업을 이어가던 중에 지호가 선생님의 팔을 붙잡고 말을
건다.
"뭐라고?"
선생님이 알아듣지 못하자 한 번 더 입을 떼려다 곧바로 AAC
로 시선을 옮겨 능숙하게 상징을 찾아낸다.

오줌 마려워요

선생님이 화장실에 다녀오라고 하자, 지호가 일어나려다 말고
다시 AAC를 붙잡는다.

[오줌 마려워요]

지호의 얼굴 가득 장난스러운 웃음이 번진다.

권지호와 보호자 김우주

지호는 귀엽고 먹는 걸 좋아하는 행복한 아이예요. 이제 막 초등학교 2학년이 됐고요.

Q. AAC 중재를 언제, 어떤 계기로 시작하게 되었나요?

지호가 한 30개월쯤 되었을 때였어요. 세브란스 소아정신과의 천근아 교수님이 지호는 일반적인 언어치료보다는 PECS를 시도해 보는 게 좋겠다고 권해 주셨고 그때 처음으로 AAC에 대해 알게 됐어요. 거부감이나 걱정은 크게 없었어요. 교수님 같은 전문가가 권하시는 거니까 도움이 되겠거니 했던 것 같아요. 사실 그때는 지호를 어디에 데리고 다니는 것 자체가 힘들 때였거든요. 가만히 있질 못하고 여기저기 돌아다니고 물건을 집어 던지거나 발로 차고……. 텐트럼tantrum이 심해서 하루하루 정말 정신이 없었어요. 원래 애들은 다 이런가 보다, 하면서 버티던 때였죠. 그래서 문제행동만 좀 줄어들었으면 좋겠다는 마음으로 AAC를 시작했던 것 같아요.

당시만 해도 AAC 중재를 하는 곳이 많지 않았어요. 여기저기 알아보다가 에블:봄 발달운동센터를 알게 됐고 상담을 받은 뒤 바로 치료를 시작할 수 있었죠. 처음 AAC를 시작할 때는 아주 단순하게 카드 하나로 시작했어요. 지호가 좋아하던 빵이 있었는데 선생님이 그 빵을 조그맣게 잘라서 통에 담아 놓으셨어요. 지호가 빵 그림카드 하나를 주면 통에서 빵을 꺼내 주는 방식이었죠. 상징을 선택하면 '내가 원하는 걸 얻을 수 있구나'라는 경험을 하게 하려는 거였어요. 그 한 가지를 익히는 데도 몇 달이 걸렸고요. 부모가 집에서 함께해야 하는 단계들도 있었어요. 예를 들어 처음에는 지호 앞에서 카드를 주고받는 식으로 시작했다가 점점 거리를 늘려 가는 거예요. 제가 주방에 있으면 지호가 주방까지 카드를 들고 와야 빵을 주는 방식인 거죠. 그 과정을 몇 달 동안 정말 열심히 함께했어요.

Q. AAC 중재를 이어가는 중에 망설이거나 흔들렸던 순간이 있었나요? 그 시기를 어떻게 지나왔는지 궁금합니다.

솔직히 아이 어릴 때는 흔들리지 않을 수가 없는 것 같아요. 어디서 뭐가 좋다고 하면 이것도 해보고 저것도 해보고……. 저도 똑같았어요. PECS를 시작하고 몇 개월 지나서 ABA Applied Behavior Analysis(응용행동분석) 치료를 시작했는데 시작하자마자 바로 구어가 나오는 거예요. "아빠"라는 말을 하더라고요. 그게 너무 신기하고 반가워서 PECS를 제가 그만둬 버렸어요. ABA가 답인가 보다, 싶어서요. 선생님이 당연히 말리셨죠. 지금 그만두면 안 된다고요. 그런데도 지호 입에서 말이 나오니까 완전히 판단이 흐려졌던 것 같아요.

그런데 그 변화가 오래가지는 않았어요. 그즈음 다시 병원 진료를 받으러 갔을 때도 왜 PECS를 그만뒀냐고 교수님께서 한소리 하시더라고요. 그제서야 PECS를 그만둔 걸 후회하게 됐고 다시 에블:봄에 연락을 드려서 어렵게 치료를 이어갈 수 있었죠. 그렇게 한동안은 ABA와 PECS를 병행했어요. 하지만 지호가 여러 치료를 동시에 받는 걸 점점 힘들어하는 것 같아 보였어요. 경제적인 부담도 컸고요. 결국 ABA를 그만뒀는데 그 결정이 쉽지는 않았어요. 그만두면 지금까지 해 왔던 게 다 무너지는 건 아닐까 하는 걱정이 계속 남아있었거든요. 주변 엄마들도 대부분 아이에게 ABA를 시키고 있기도 했고요. 그러다 먼저 ABA를 그만둔 다른 엄마가 괜찮다고, 아이를 한번 믿어보라며 긍정적인 이야기를 해줘서 결심할수 있었어요. 돌아보면 다 지호한테 맞는 방식을 찾아가는 과정이었던 것 같아요.

Q. 일상에서는 주로 어떤 방식으로 AAC를 활용하시나요?

예전에는 지호가 주로 몸짓이나 손짓으로 많이 표현했어요. 그렇다고 아예 말을 안 하는 건 아니었고 "뭘 먹을 거야?" 하고 물어보면 "어" 하고 소리 내서 대답하는 정도는 가능했어요. 원하는 것의 앞 글자만 따서 말할 때도 있었고요. 처음에는 그림카드를 많이 사용했는데요. 그때는 밖에 나가고 싶어 하는 일이 많아서 놀이터나 수영장 같은 장소를 카드로 만들어 두고 지호가 가고 싶은 곳을 직접 고르게 했거든요. 시각 스케줄은 지금까지도 계속 유용하게 쓰고 있어요. 오늘 어디를 갔다가 뭘 할지, 어떤 순서로 할지를 미리 보여주고 약속을 설명해 주면 확실히 도움이 되더라고요.

사실 '욕구 지연'이 정말 필요했어요. 예전에는 치료실 근처에 편의점이나 빵집이 있으면 무조건 들러야 했고 또 놀이터를 너무 좋아해서 일정과 상관없이 두 시간씩 있으려고 했거든요. 가야 할 일정은 정해져 있는데 지호의 요구는 너무 강하다 보니까 데리고 다니는 게 정말 힘들었어요. 맨날 실랑이했죠. 그 과정에서 문제행동도 자주 나타났고요. 그런데 시각 스케줄표로 순서를 알려주고 여러 번 설명해 주니까 태도가 확실히 달라졌어요. 치과도 예전에는 입구조차 들어가려고 하지 않았어요. 치과 아래층에 버거킹이 있는데 거기부터 가고 싶어 해서 막 떼를 썼거든요. 그런데 AAC로 '치과 치료 끝나고 버거킹에 가서 감자튀김을 먹을 거다'라는 걸 순서대로 계속 설명했더니 치과 치료부터 해야 한다는 걸 받아들이더라고요. 뭔가 자기 욕구를 정리할 수 있게 되었다고 할까요?

Q. 나의AAC 언어치료 지원 프로그램에 참여하면서 가장 기억에 남는 순간이 있다면 언제인가요?

기억에 남는 순간들이 정말 많은데요. 지호가 언어재활사 선생님을 너무 좋아하거든요. 치료실 가는 날이면 선생님한테 빨리 가자고 얼마나 보채는지 몰라요. 오죽하면 지호가 가장 또렷하게 발음하는 말 중 하나가 '언어'예요. 언어 선생님한테 가자고 "언어, 언어" 하면서 정말 백 번은 말하는 것 같아요.

작년 봄, 벚꽃이 많이 피었던 날이었어요. 언어재활사 선생님이 치료 시간을 쪼개서 지호를 데리고 불광천 벚꽃길에 다녀오신 적이 있어요. 그냥 나간 게 아니라 나가기 전에 먼저 AAC로 봄에 대한 어휘를 같이 봤다고 하더라고요. '따뜻해요', '벚꽃이 피었어요' 같은 표현들을 상징으로 함께 보고 나서 불광천에 갔는데, 지호가 그 시간을 무척 좋아했대요. 선생님이 영상을 찍어서 보여주셨는데 둘이 불광천을 걸으면서 벚꽃도 보고 편의점에 들러 과자도 사 먹으면서 시간을 보냈더라고요. 그 이후로 지호가 태블릿에서 계속 '불광천'을 누르는 거예요. 선생님과의 하루를 기억하려는 것처럼 말이죠. 그게 정말 신기했어요.

Q. AAC 중재를 하면서 일상에서 지호의 변화가 느껴졌던 순간이 있었나요?

언어재활사 선생님이 지호의 일상생활과 연결해서 중재를 진행해 주시곤 했어요. 예정된 일과가 있거나 특별한 이벤트가 있으면 그것과 관련된 어휘를 AAC로 연습하는 방식으로요. 특히 병원에 갈 일이 있을 때는 병원 상황을 중심으로 연습을 시켜 주셨는데요. "오늘 왜 병원에 가요?", "어디가 아파요?" 같은 질문을 던지고, 머리나 배, 팔, 다리처럼 아픈 신체 부위를 상징으로 짚어서 표현할 수 있도록 반복해서 연습해 주셨어요.

그러다 어느 날, 지호가 콧물이 많이 나서 병원에 가기로 한 적이 있었어요. 집에서 어디가 아프냐고 물었더니 지호가 계속 귀가 아프다고 하는 거예요. 콧물이 나는데 왜 자꾸 귀가 아프다고 하는지 이상했죠. 그래도 병원에 가서 그 이야기를 선생님께 했는데, 진료를 보시더니 실제로 외이도염이 있었다고 하시더라고요. 정말 깜짝 놀랐어요. 예전에는 어디가 아픈지 정확하게 표현하지 못했거든요. 병원 상황을 AAC로 반복해서 연습한 게 실제 상황에서도 그대로 이어진 거예요.

학교에 입학한 뒤에는 학교생활과 관련된 상황들도 계속 연습하고 있어요. 치료실에서 연습한 내용과 학교에서 실제로 겪는 상황들이 겹치다 보니까 확실히 시너지가 생기는 것 같아요. 욕구도 훨씬 구체적이고 다양해졌고요. 예전에는 그냥 "감자튀김"이면 끝이었거든요. 그런데 요즘은 어디에 가고 싶은지, 어떤 브랜드의 메뉴를 먹고 싶은지까지 고르려고 해요. 편의점도 예전에는 아무 데나 가면 됐는데 이제는 자기가 가고 싶은 곳을 콕 집어서 말하고요.

AAC를 쓰면서 지호 스스로도 자기 욕구가 정리되는 느낌을 받는 것 같아요. 그전에도 머릿속에 생각나는 건 분명 많았을 텐데 정리가 안 되고 말로도 나오지 않았던 거죠. AAC는 시각적으로 구조가 잡혀 있으니까 지호도 점점 더 정확하게 자기 욕구를 표현할 수 있게 된 것 같아요. 그러다 보니 자연스럽게 구어 발화도 많이 늘었어요. 태블릿에서 상징을 찾아 표현하는 게 지호에게도 번거롭게 느껴지는지 요즘에는 자꾸 말로 하려고 하더라고요. 발음도 예전보다 훨씬 또렷해졌고요.

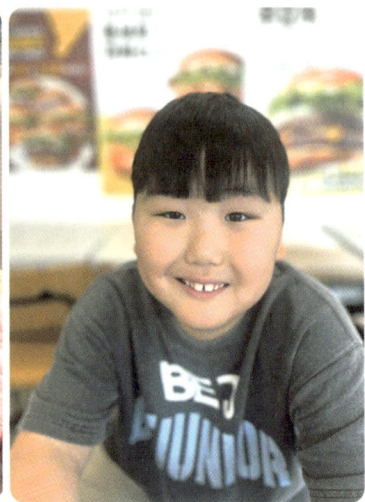

Q. AAC 중재 이전과 이후, 보호자님의 소통 방법에도 달라졌다고 느끼는 부분이 있나요?

예전에는 제가 원하는 대로 지호가 움직여주지 않으면 막 혼을 냈어요. 일과는 정해져 있고 시간 맞춰 가야 할 곳은 많은데 지호가 말을 안 들으면 마음이 조급해져서 화를 냈던 것 같아요. 그런데 언어재활사 선생님은 큰 소리를 내지 않아도 지호의 행동을 잘 유도하더라고요. 그게 너무 신기해서, '이 사람은 어떻게 하는 걸까' 하고 유심히 지켜봤어요. 보니까 선생님은 지호의 마음을 먼저 많이 물어보시고 칭찬도 정말 자주 해 주셨어요. 그걸 보고 저도 많이 배웠죠. 그래서 요즘에는 저도 화를 거의 안 내요. 예전 같으면

"안 돼", "빨리 가야 돼" 하면서 끌고 갔을 상황에서도 지금은 "뭐 하고 싶어?", "어디 가고 싶어?" 하고 먼저 물어봐요. 오늘도 아침에 편의점에 가고 싶다고 해서 오늘 일정의 순서를 차근차근 AAC로 보여주면서 설명해 줬어요. 그러니까 "아니"라고 말은 하면서도 학교에 가야 한다는 걸 받아들이더라고요.

Q. 지호에게 AAC는 어떤 의미인가요?

요즘에는 지호가 자기 발음의 한계를 자꾸 의식하는 것 같아요. 구어 발화도 늘고 명료도도 높아지긴 했지만 여전히 상대가 알아듣지 못하는 경우가 많잖아요. 그럴 때 자기도 답답한지 자꾸 화를 내거든요. 그러면서도 아이러니하게 저한테는 계속 말을 시켜요. 학교에서 한글 학습을 하면서 집으로 책을 한 권 보내주셨는데, 거기에 '공룡', '우유', '치즈' 같은 단어들이 스티커로 붙어 있었거든요. 그걸 하루에도 몇 번씩 들고 와서 저한테 읽어달라고 하는 거예요. 책에 있는 글자를 마치 AAC 누르듯이 하나하나 짚으면 제가 그 단어를 소리 내서 읽어줘야 해요. 자기도 말하고 싶은데 발음이 정확하지 않으니까 제가 대신 말해주길 바라는 거죠. 하고 싶은 말이 많아질수록 자기가 발음이 잘 안 된다는 걸 더 분명하게 느끼는 것 같아요. 그래서 지호가 AAC를 더 좋아하는 것 같아요. 아무도 없어도 혼자 태블릿을 눌러 보면서 계속 소리를 내 보거든요. 지호에게 AAC는 말을 대신 해 주는 도구라기보다 말하고 싶은 마음을 잃지 않도록 해 주는 역할을 하는 것 같아요.

Q. 앞으로 지호와의 소통에서 바라는 점이 있다면 무엇인가요?

지호가 학교에 입학하기 전에 교육청에서 보호자 대상 세미나를
한 적이 있었어요. 그때 특수학교 선생님 한 분이 강의를 하셨는
데, 예전에 가르쳤던 아이 이야기를 해 주셨거든요. 말도 거의 하
지 못하고 걷는 것도 어려웠던 아이였는데 어릴 때는 기관을 전혀
다니지 않고 집에서만 지냈대요. 아무런 치료나 교육도 받지 않은
채로 학교에 온 아이에게 그분이 한글을 하나씩 가르치기 시작했
고, AAC로 문장을 만드는 연습까지 했다고 하더라고요. 끝내 말은
하지 못했지만, 지금은 태블릿을 이용해서 자판으로 간단한 문장
을 쳐서 음성으로 산출하는 수준까지 갔다고 하셨어요. 그 과정이
3~4년 정도 걸렸고요. 그 이야기를 듣는데, '아, 이게 우리가 지금
가고 있는 길이구나'라는 생각이 들었어요.

　저는 앞으로도 지호가 말을 하지 못할 수도 있다고 생각해요.
성인이 되어서도 구어가 나오지 않을 가능성을 계속 염두에 두고
있고요. 그렇다면 말을 하지 못하더라도 자기 생각을 표현할 수 있
는 방법을 미리 준비해 줘야 한다고 봐요. 단기적으로는 어휘를 조
금씩 늘려 보는 게 목표예요. 예전에는 어휘가 그렇게까지 중요할
까 싶었는데 지호가 말을 조금씩 하게 되면서 어휘의 한계가 느껴
지더라고요. 지호가 살아가는 세계가 넓어질수록 그에 맞는 말들

도 함께 준비해 줘야겠다는 생각이 들어요. 장기적으로는 지호가 스스로 자판을 입력해서 AAC로 음성을 산출할 수 있으면 좋겠어요. 태블릿이나 휴대폰을 가지고 다니면서 언제든지 원하는 걸 표현할 수 있게 되면 좋을 것 같아요. 물론 아주 시간이 오래 걸리는 일이겠죠. 그래도 어떤 방식이든 지호가 사용할 수 있는 언어를 계속 만들어 주고 싶어요.

Q. 끝으로 AAC 중재를 고민하고 있는 보호자들에게 꼭 하고 싶은 말이 있을까요?

'AAC로 우리 아이를 말하게 만들어야지'라는 목표로 접근하면 정말 힘들어져요. 유지도 잘 안 되고요. 저는 AAC를 여러 표현 방법 중 하나로 생각하면 좋겠다고 느꼈어요. 물론 말을 할 수 있다면 좋겠지만, 말을 하지 못한다고 해서 살아갈 수 없는 건 아니잖아요. 요즘은 AAC 환경도 훨씬 좋아졌고 기술도 빠르게 발전하고 있어서 말을 하지 않더라도 대화할 수 있는 방법이 앞으로 더 많아질 거라고 생각해요.

다만 포기하지 않고 이어가는 게 중요한 것 같아요. 그래서 저는 너무 잘하려고 애쓰지 않으려고 해요. 제가 좀 힘들면 쉬기도 하고요. 어떤 달은 아예 아무것도 하지 않을 때도 있어요. 학교생활만으로도 버거운 시기에는 그동안 만들어 둔 AAC 판을 그대로 사용하는 것만으로도 충분하다고 생각해요. 그러다 여유가 생기고,

학교에서 좋은 피드백을 들으면 다시 욕심내서 새로운 어휘를 조금씩 늘려 보기도 하고요. 매일 똑같은 속도로 갈 수는 없잖아요. 쉬었다가 다시 해도 괜찮더라고요. 저도 중간에 PECS를 그만둔 적이 있었지만 다시 돌아왔어요. 한 번 그만뒀다고 해서 끝은 아니라고 생각해요. 아이는 생각보다 쉽게 잊지 않더라고요. 아이를 믿고 너무 조급해하지 말고 천천히 같이 가면 좋겠어요.

AAC 중재 현장의 언어재활사들은 AAC 사용이 일상으로 이어지기 위해서는 보호자의 역할이 무엇보다 중요하다고 말한다. 보호자야말로 AAC 사용자의 소소한 일상을 가장 가까운 곳에서 함께하며 그 마음을 누구보다 먼저 읽어내는 사람이기 때문이다. 보호자의 시선은 아이의 작은 움직임조차 놓치지 않는다. 눈동자가 머무는 방향과 표정이 변하는 순간을 관찰하고 그 이면의 의미를 해석해낸다. 그 어떤 사소한 단서 속에서도 기어코 소통의 틈을 만들어내는 이들이 보호자다. 때문에 그들은 AAC 사용자의 세계를 확장하도록 도울 수 있는 가장 든든한 조력자일 수밖에 없다.

'나의AAC 언어치료 지원 프로그램'에 참여한 박세연, 신희람, 권지호와 그들의 보호자 이야기에는 숱한 반복과 긴 기다림 속에서 건져 올린 소통의 순간들이 담겨 있었다. 보호자들은 모두 자신들과 비슷한 고민을 안고 있을 누군가에게 작은 위로가 되기를 바라는 마음으로 인터뷰에 응했다. 내 아이가 세상과 연결되기를 바라는 마음처럼, 이 길을 걷는 사람들이 혼자가 아니라는 것을 느낄 수 있기를 바랐다. 긴 여정 지치지 않도록 당신부터 돌보라고 당부했다. 그리고 지금 당신은 더없이 최선의 삶을 살고 있다고 응원하고 지지했다. 말보다 다정한 마음이 서로를 향했다. 사람이 사람과 이어지는 일이란 얼마나 연약한 방식으로 이루어지는가. 그럼에도 그 연약한 연결은 놀라울 만큼 단단한 힘을 지니고 있다.

아카이브
프로젝트
말하지 않아도

다큐멘터리 〈말하지 않아도Without Words〉

신이명 연출 | 34분 | 대한민국 | 2025

다큐멘터리 〈말하지 않아도Without Words〉는 AAC를 통해 세상과 대화하기 시작한 세 명의 주인공—율희, 지호, 경환—의 소통 여정을 조명한다. 각기 다른 신체적, 인지적 조건을 지니고 있는 세 주인공은 AAC를 활용한 언어치료를 받으며 자신의 감정과 욕구, 생각을 전달하는 법을 학습한다. 카메라는 주인공들의 일상 공간과 치료실을 넘나들며 비언어적 소통의 실제를 관찰하고 치료 과정을 기록한다.

치료 과정은 AAC 기기를 작동시키는 행위에만 머물지 않는다. 필요에 맞는 상징을 고르고 상대의 반응에 호응하고 때로는 기대를 어기기도 하는 일련의 과정 속에서 치료는 상호작용으로 확장된다. 치료실에서 축적한 소통 경험은 일상적인 시도들로 이어지고 그 속에서 주인공들은 조금씩 성장해 간다.

〈말하지 않아도〉는 이러한 여정을 일정한 거리감으로 바라보며 다양한 소통의 가능성을 탐색한다. '말한다'는 것이 무엇인지 질문하고 '말하지 않아도' 닿을 수 있는 마음에 대해 생각한다. 그리고 그 끝에서, 함께 살아간다는 것의 의미를 고민한다.

시놉시스

2024년 겨울, 성별과 연령, 장애 유형이 각기 다른 세 명의 주인공 —율희(7), 지호(8), 경환(28)—이 에블:봄 발달운동센터에서 '나의AAC 언어치료 지원 프로그램'을 시작한다.

웃음이 많고 장난기가 많은 귀염둥이 일곱 살 율희는 차지CHARGE 증후군이라는 희귀 질환으로 난청, 삼킴장애와 호흡곤란, 편마비 등의 증상을 보이지만, 누구보다도 활동적이다. 꼭 필요한 순간에는 놀랍도록 정확히 의사를 표현하지만 주관이 강하고 호기심이 많아서 때로 수업에 집중하지 못하는 율희. 특수교사 정은 선생님은 고민 끝에 새로운 놀이 수업을 기획한다.

놀이터와 간식을 좋아하는 지호는 자폐스펙트럼장애를 가지고 있다. AAC를 쓰면서 문제행동이 많이 줄었지만 여전히 요구가 받아들여지지 않으면 소리를 지르고 드러누워 떼를 쓰곤 한다. 곧 초등학교 입학을 앞두고 있는 지호를 위해 언어재활사 주한 선생님은 맞춤형 수업을 준비하기로 한다.

뇌병변장애를 가지고 있는 경환은 집에 있는 대부분의 시간을 TV를 보며 누워 지낸다. 발성은 어렵지만 눈을 맞추고 손을 들어 올리고 소리 없이 입을 벌리며 의사를 표현하는 모습이 사랑스럽다. 그의 언어재활사 지연 선생님은 AAC를 통해 경환이 더 많은 경험을 할 수 있기를 바란다. 함께 새해 계획을 세우는 두 사람, 경환은 하고 싶은 일이 너무나 많다.

AAC를 통해 조금씩 성장해 가는 세 사람과 그들의 여정을 함께하는 AAC 중재자들. 봄을 맞아 새로운 도전을 준비한다.

율희와 이정은 선생님

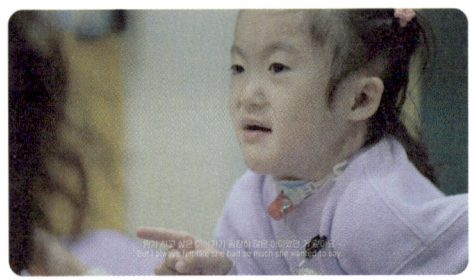

뭔가 하고 싶은
이야기가
굉장히 많은
아이였던 것 같아요.

율희가 애기해 줘.
필요한 거.

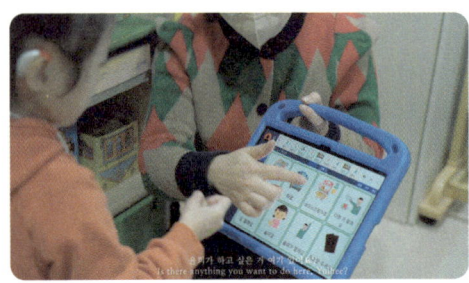

율희가 하고 싶은 거
여기 있어요?

[석션해 주세요]

율희야. 오늘 재밌었어?
[기뻐요]

지호와 이주한 선생님

신체적인 행동으로
감정 조절을 하는
모습들이
있는 거 같아요.

지호야,
인사 어떻게 할 거야?

치과 끝나면
감자튀김 먹을 거야?

할 수 있어요?
화이팅!

가자,
이제 학교 가자

경환과 김지연 선생님

경환 씨에게
누군가 말 걸어 준다거나
의사소통을
시도하는 사람이
많이 없어서 되게
수동적이셨어요.

트리 꾸미기
좋아요?
싫어요?

[좋아요]

앞으로 우리 경환 씨랑
선생님이랑
수업 시간에 이거
다 해보는 거예요.

어땠어요?
최고였어요?
최고!

연출노트

다큐멘터리 〈말하지 않아도〉는 AAC를 활용한 언어치료의 과정을 기록하고 있다. 때문에 상당 시간의 관찰이 치료실 내에서 이루어 졌다. 일주일에 1~2회 진행되는 치료를 꾸준히 기록하다 보면 언젠가 성과가 나타날 것이라 기대했던 것이 사실이다. 그러나 촬영이 진행되면 될수록 우리가 좇아야 하는 것이 무엇인지에 대해 반문하게 되었다. 이들의 치료 과정이 가지는 의미는 무엇일까?

기록을 하다 보면 숱한 감정이 한데 모이는 장면을 만날 때가 있다. 대개는 쉽게 찾아오지 않는 순간이다. 그러나 〈말하지 않아도〉를 만드는 동안 우리는 그런 순간들을 수없이 마주할 수 있었다. 입을 크게 벌리며 소리 없이 대답하는 경환의 표정에서부터 엄살을 부리는 선생님에게 입김을 불어주는 율희의 걱정스러운 눈빛, 마음을 담아 상징을 꾹 누르는 지호의 엄지손가락까지, 말 없는 마음을 만나는 순간들이었다. 나는 그것이 우리가 좇아야 할 의미라 믿었다. 말하지 않아도 충분한 순간들, 그것들이 모여 하나의 이야기가 되었다.

말 없는 마음의 순간들을 따라가기 위해서는 시간이 필요했다. 지켜보고 기다리며 숨을 고르는 시간. 우리는 그 느린 호흡의 시간에 익숙해져야 했다. 눈빛이 말을 고르고 주저하고 손끝이 용기를 낼 때까지 기다려야 했다. 어떤 의미는 소리 없이 건네졌고 어떤 의미는 아주 오래 걸려 도착했기에 서둘러 지나치지 않는 것이 무엇보다 중요했다. 그 시간에 적응해 나가는 동안 나는 내가 가지고 있던 대화의 감각이 실은 지나치게 빠르고 무신경했던 것은 아니었을까 생각했다.

사람의 생각과 감정은 말로만 표현할 수 있는 것이 아니다. 의미는 어디에나 담길 수 있다. 움찔거리는 미간과 떨리는 손끝에도, 총총한 눈빛과 왈칵거리는 목울대에도, 붉게 물든 뺨과 길게 내쉬는 더운 숨에도 의미는 실린다. 얇은 거미줄 위에 맺힌 이슬의 반짝임만큼이나 여리고 통통하게 살이 오른 꽃눈의 솜털만큼이나 보드라운, 말 바깥의 의미들. 그런 것들을 보기 위해 우리는 조금 더 애틋해져야 한다. 마음을 기울이고 머물러야 한다.

〈말하지 않아도〉를 통해 말 없는 마음의 시간을, 말 바깥의 의미를 함께 경험할 수 있기를 바란다. 잠시 멈춰 기다리고 오래 머무르면서 말이다. 그러면 우리는 서로에게 좀 더 애틋해질 수 있을 것이다. 더 깊이 느끼고 더 새롭게 발견하고 더 많이 들을 수 있을 것이다.

AAC
기획 전시
〈말하지 않아도〉

2025.5.21 - 6.17
NC문화재단 2F Studio White

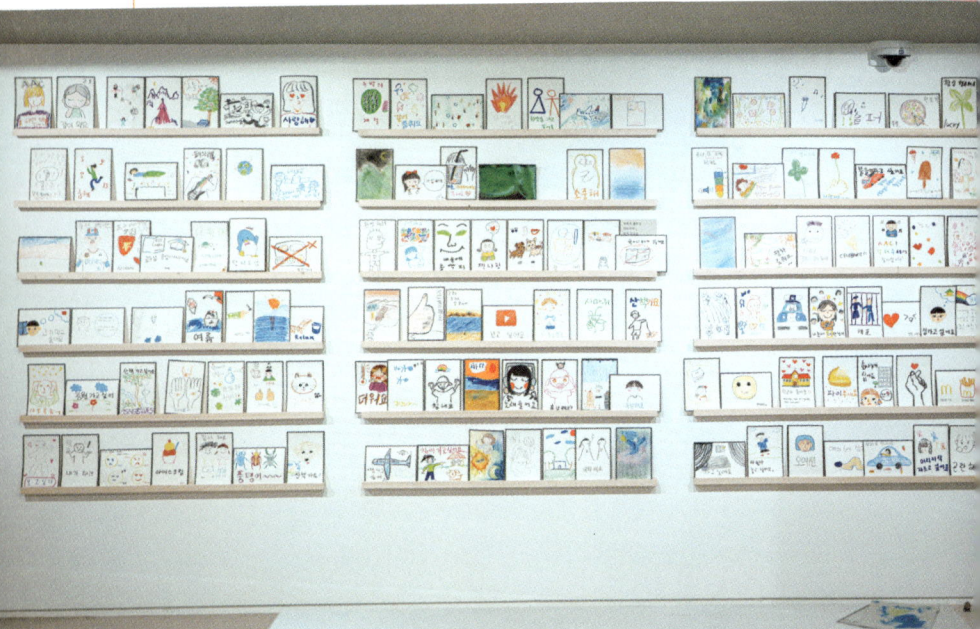

전시 〈말하지 않아도〉는 보완대체의사소통(AAC)의 개념을 소개하고 AAC 중재 현장의 생생한 장면과 숨은 이야기를 담아낸 기획 전시다. 전시에서는 동명의 다큐멘터리 〈말하지 않아도〉와 다큐멘터리 제작과정에 협력한 AAC 중재자 및 보호자들의 인터뷰를 비롯해 AAC를 이해하고 체험할 수 있는 다양한 콘텐츠를 선보이며 AAC를 다각도로 조명했다.

전시는 크게 세 부분으로 구성되었다. 먼저, 'AAC, 우리가 소통하는 방식'은 AAC의 기본적인 개념과 구성에 대한 정보를 제공하는 공간으로, AAC에 대해 잘 모르는 사람들도 쉽게 이해할 수 있도록 간단한 설명과 함께 그림 상징, 다양한 형태의 로우테크 AAC를 함께 전시했다. 두 번째, '우리가 통하는 모양이야'는 관객 체험 공간으로, 태블릿을 통해 나의AAC를 직접 사용해 보고 그림 상징으로 자신의 이야기를 만들어 볼 수 있도록 했다. 관람객은 직접 자신만의 그림 상징을 그리고 이를 전시 공간에 남길 수 있었다. 이곳에서는 구어를 쓰는 사람이나 그렇지 않은 사람 모두 이미지를 통해 메시지를 표현할 수 있도록 해 구어 중심적 사고에서 벗어나 머물 수 있는 시간과 공간을 제안했다. 전시 기간 동안 관객들이 직접 고안해 그린 그림 상징들은 전시 공간에 계속해서 누적되었고, 이를 통해 우리가 얼마나 다르고 또 닮아 있는지를 확인할 수 있었다. 마지막으로 '〈말하지 않아도〉 메이킹 스토리'에서는 '나의AAC 언어치료 지원 프로그램'의 과정을 기록한 다큐멘터리 〈말하지 않아도)를 상영하고 다큐멘터리의 제작 과정을 엿볼 수 있는 글과 영상을 함께 선보였다. 특히 다큐멘터리의 세 주인공 경환, 율희, 지호에게 의미 있는 소품들을 전시해 이들을 좀 더 가깝고 친근하게 느낄 수 있도록 했으며, 이들의 AAC 중재자인 김지연, 이정은, 이주한 선생님의 인터뷰 영상을 통해 숨은 이야기를 전했다.

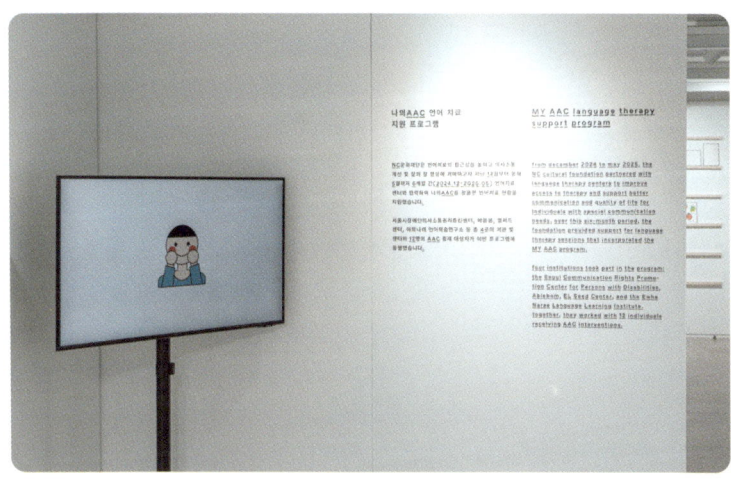

나의AAC 언어 치료
지원 프로그램

MY AAC language therapy
support program

SG문화재단은 언어치료의 접근성을 높이고 의사소통
개선 및 삶의 질 향상에 기여하고자 2024년12월부터 2025년
5월까지 6개월 동안2024.12-2025.05 의사소통이
원활히 이루어지지 못하는AAC 프로그램 언어치료 지원을
지원했습니다.

서울시통해의사소통증진연구센터, 바람개, 엘에스
센터, 이화여자 언어학습연구소 등 총 4곳의 기관 및
센터가 12명의 AAC 대상자와 직접 프로그램을
진행하며 AAC 중재 프로그램을
운영했습니다.

from december 2024 to may 2025, the
SG cultural foundation partnered with
language therapy centers to improve
access to therapy and support better
communication and quality of life for
individuals with special communication
needs. over this six-month period, the
foundation provided support for language
therapy sessions that incorporated the
MY AAC program.

four institutions took part in the program:
the Seoul Communication Rights Promo-
tion Center for Persons with Disabilities,
Baramgae, EL Seed Center, and the Ewha
Korea Language Learning Institute.
together, they worked with 12 individuals
receiving AAC interventions.

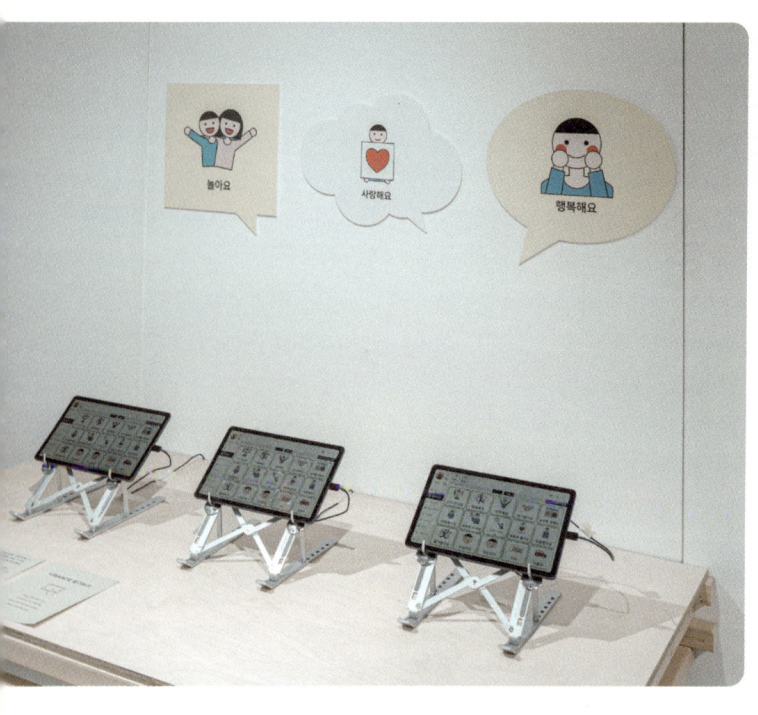

전시 기간 중에는 세 차례의 시민 참여 연계 프로그램도 진행되었다. 어린이를 대상으로 한 워크숍 [우리가 통하는 모양이야]는 어린이들이 각자 자신의 개별적 감각에 주목해 보는 활동으로 구성되었다. 어린이는 성인에 비해 사용할 수 있는 말의 폭이 제한적이기 때문에 풍부한 감정을 느껴도 단편적이고 익숙한 어휘에 머무르기 쉽다. 워크숍에서는 일상적인 언어 표현 습관에서 벗어나 감정을 표정과 움직임으로 드러내기도 하고 색과 모양으로 바꾸어 보기도 하고 촉감과 연결해 보기도 했다. 참여자들은 움직임에는 움직임으로, 이미지에는 이미지로 응답하며 상호작용했고 이 과정을 통해 새로운 소통의 즐거움을 경험할 수 있었다.

성인 대상의 워크숍 [다르게 다다르게]에서는 AAC를 활용한 편지 쓰기를 시도했다. 참여자들은 직접 그림 상징을 그리고 이를 연결해 저마다의 편지를 완성했다. 말 없는 편지에는 쓰는 사람과 받는 사람 사이의 약속, 추억, 공유된 감정이 자연스럽게 스며들었다. 참여자들은 표현 하나하나에 세심하게 신경을 썼고 그 과정에서 소통이 결코 저절로 이루어지는 것이 아님을 경험할 수 있었다. 마지막으로 라운드 토크 [AAC, 현장의 이야기]는 AAC 중재자와 보호자를 대상으로 진행되었다. 각자의 현장에서 마주한 AAC 소통 경험과 중재 사례를 공유하며 나의AAC가 다양한 삶과 환경 속에서 어떻게 더 효과적으로 활용될 수 있을지를 고민하는 자리였다.

　전시 〈말하지 않아도〉는 AAC를 이해하고 경험하는 데 그치지 않고 AAC 소통의 주체가 되어 직접 마음을 표현하고 이를 타인과 공유하기를 제안했다. 이를 통해 AAC가 단지 말의 부재를 메우는 보조수단이 아니라 모두에게 열려 있는 또 하나의 소통 방식임을 드러내고자 했다. 그 과정에서 진정한 소통의 의미를 되새겼다. 우리는 어떻게 타인을 이해하고 서로 연결될 수 있을까.

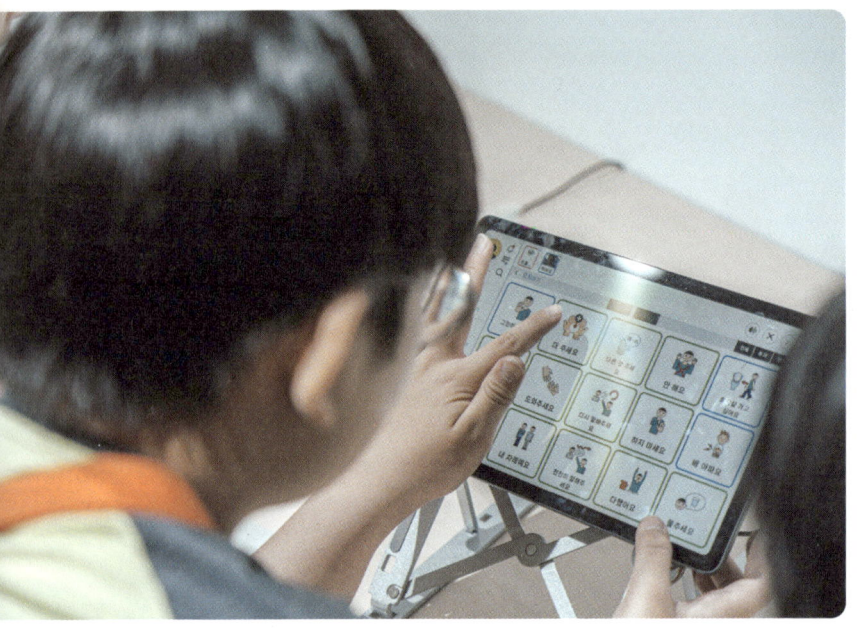

나가며

그들이 아닌 우리의 이야기, AAC

〈말하지 않아도〉는 '나의AAC 언어치료 지원 프로그램'의 과정을 기록하는 다큐멘터리에서 출발해 연계전시, 출판물까지 이어지는 하나의 아카이브 프로젝트다. 때문에 이 책은 동명의 다큐멘터리 〈말하지 않아도〉를 제작하며 진행한 AAC 중재자와 보호자들의 인터뷰가 단초가 되었다. 프로젝트를 시작할 당시만 해도 AAC 중재의 성취를 발견할 수 있을 거라 기대했다. 단계적이고 지속적인 변화의 과정이 자연스럽게 서사로 이어질 것이라 생각한 것이다. 그러나 이 글을 풀어내는 과정에서 우리가 정말 주목해야 하는 것은 누군가의 마음에 닿기 위해 고민하고 애쓰는 사람들이라는 것을 깨달았다.

퇴근 후에도 매일 밤 대상자의 표정이 떠오른다는 김지연 선생님, 의사표현이 거의 없는 대상자를 위해 무엇을 해줄 수 있을지 막막해 눈물을 보였던 지혜 선생님, 딸을 키우면서 보호자의 마음에 더 공감하게 되었다는 전경해 선생님, 나의AAC를 운영하며 세상을 바라보는 기준이 달라졌다는 이예경 매니저, 자신의 이야기가 다른 보호자들에게 도움이 되기를 바란다며 간절한 마음을 전한 보호자 임지숙 님. 그밖에 이 책에 실린 모든 인터뷰이들이 누구도 배제되지 않는 의사소통 환경을 바라는 마음으로 자신의 이야기를 들려주었다. 이 책이 이들의 목소리에 조금 더 귀 기울일 수 있는 계기가 되기를 바라며, 그 마음을 감사히, 오래 기억하려고 한다.

말하는 사람과 말하지 못하는 사람 사이에는 쉽게 좁힐 수 없는 간극이 존재할지도 모른다. 엘씨드 센터의 김정은 선생님이 그림 상징 아래 적힌 글자를 가리고 그 상징이 무엇을 의미하는지 말해보라고 했을 때, 나는 적지 않은 충격을 받았다. 갑자기 그것이 외국어만큼이나 낯설어 보였기 때문이다. 나는 그림 상징을 이해하고 있었던 것이 아니라 그 아래 쓰인 글자를 읽고 상징을 이해한다고 착각하고 있었구나, 너무도 당연한 이치를 그제야 알았다. 말과 글이 당연한 내가 말 너머의 소통에 대해 이야기할 수 있을까. 또 그 안에서 소통의 의미를 발견할 수 있을까. 처음 다큐멘터리를 제작할 시점부터 지금 이 글을 쓰고 있는 순간까지, 자문하는 것을 멈출 수가 없었다. 그럼에도 여태 묻고 또 쓰는 이유는 소통이란 우리가 함께 노력하며 쌓아 올려야 하는 일이라는 사실을 믿기 때문이다.

내가 나로 살아가기 위해, 우리는 모두 의사소통의 권리를 보장받아야 한다. 고유한 감정과 욕구를 표현하고 존중받을 권리가 모든 '나'들에게 있는 것이다. 그렇다면 소통이란 서로 다른 '나'들이 함께 만들어 가는 공간 같은 것이 아닐까. 타인에게 나를 드러내고 표현할 수 있는 용기와 타인의 메시지를 읽어내기 위해 노력하는 다정한 인내가 만날 때, 그 공간은 안전할 수 있다. 그리고 우리는 모두 그 안전한 공간에 머물 권리가 있다.

이 책은 단순히 의사소통장애인의 불편과 어려움에 대해 이야기하지 않는다. AAC를 그들의 장애를 극복할 수 있게 해 주는 도구로 보지도 않는다. 이 책에 담긴 AAC 중재 현장의 고군분투는 개인의 장애를 돕는 과정이 아니라, 서로 다른 '나'들을 온전히 받아들이고 환대하려는 의지를 드러낸다. 그 속에서 AAC는 우리 사회에서 안전한 공간을 늘려가기 위한 실천이자 서로를 이어주는 연대의 언어로 재발견된다.

AAC는 우리가 어떻게 소통할 것인가를 다시 묻는다. 그 질문 앞에서 프로젝트 〈말하지 않아도〉가 발견한 것은 해답이 아니라 하나의 관점이었다. AAC를 의사소통장애인 개인의 과제가 아닌 우리의 일상과 겹쳐 바라볼 수 있는 시선 말이다. 이 책 속에 담긴 이야기가 '그들'이 아니라 '우리'의 이야기가 되기를 바란다.

다큐멘터리 〈말하지 않아도〉를 촬영하며 출연자 중 한 명인 경환과 언어재활사 김지연 선생님과 함께 구립 도서관을 방문한 적이 있다. 경환의 2025년 새해 소망 중 하나였던 '도서관에 가서 책 빌려보기'를 함께 해보기 위해서였다. 경환은 그때까지 한 번도 도서관에 가본 적이 없었다. 새해 소망이라고는 했지만 도서관이 어떤 곳인지, 책을 빌린다는 것이 무엇을 의미하는지 그가 정확히 이해하고 있는지도 모를 일이었다. 책을 읽을 수 없는 그가 책으로 가득한 도서관에서 무엇을 발견하고 경험하고 느낄 수 있을지 나는 쉽게 예측하기 어려웠다. 언어재활사 선생님이 경환의 휠체어를 밀며 서가 사이를 이리저리 오갔다. 함께 이 책 저 책을 펼쳐 보며 경환에게 읽어 주기도 했다. 그러면 경환은 읽지 못할 책을 한참이나 들여다보며 애써서 페이지를 넘겼다. 도서관 한 켠에 마련되어 있던 오디오북으로 시 낭송도 들었다.

"최고예요"

시를 끝까지 다 들은 뒤, 경환이 AAC로 건넨 첫마디였다. 그때 경환의 얼굴에 스치던 꿈꾸는 듯한 표정을 나는 지금도 잊을 수가 없다.

다큐멘터리 〈말하지 않아도〉 연출 **신이명**

말하지 않아도

엮은이 | **신이명**

작은 서사에 주목하는 창작자. 읽고 쓰고 그리고 만드는 일을 한다. 시각예술 작업으로 2025년
개인전 《집으로 돌아갈 수 있을까》를 열고 다수의 전시에 참여했다. 낯 모르는 이들과 연결되기
위해 글과 영상 작업을 병행한다. 다큐멘터리 〈말하지 않아도〉를 연출했다.

말하지 않아도

초판 1쇄 발행 2026년 3월 31일

펴낸곳 NC문화재단

기획 NC문화재단, 신이명
인터뷰·구성·집필 신이명
인터뷰이 김정은, 조은영, 임세미, 신승희, 이주한, 이정은, 김지연, 전경해
　　　　　　지혜, 백수진, 노유란, 이예경, 이예지, 홍병선, 임지숙, 김우주

편집 이희연
본문 및 표지 디자인 데일리루틴
프로필사진 이근영(스튜디오 오와우)
사진제공 NC문화재단, 김우주, 임지숙, 홍병선

출판신고 2018년 4월 5일 제2018-005-000031호
주소 13494, 경기도 성남시 분당구 대왕판교로 644번길 12
전자우편 contact@ncfoundation.or.kr
대표전화 02-6320-2400
팩스 02-6320-2414
URL https://www.ncfoundation.or.kr

ISBN 979-11-963682-4-1 (03330)